W0185854

„Damit die schönste Zeit im Jahr beginnt, füllen wir jetzt unsere Keksdose."

GESCHENKIDEE

Ihr seid noch auf der Suche nach einem Geschenk für eine liebe Person oder für euch selbst? Rechtzeitig zu Weihnachten erscheint das neue Kochbuch „One Pots" von **mein ZauberTopf**. Darin findet ihr die besten Rezepte für den Thermomix®, für die ihr nur euren Mixtopf braucht. Auch alle wichtigen Tipps sind enthalten. 14,99 Euro, ab 7. Oktober 2022 überall im Buchhandel oder unter www.zaubertopf-shop.de

Liebe Leser*innen,

es hat bei mir schon lange Tradition, dass ich mich im November mit meiner besten Freundin treffe, um gemeinsam Plätzchen zu backen. Jede von uns sucht Rezepte aus, dann sprechen wir uns ab und kaufen alles ein, was wir brauchen. Ziel unseres Backtags: bunt gefüllte Keksdosen für beide Familien.

Am Backtag beginnt für mich die Weihnachtszeit dann so richtig. Wir zünden uns ein paar Kerzen an, kochen uns Apfelpunsch oder einen Weihnachtskaffee und hören Weihnachtslieder, während der Thermomix® Teige knetet und Schokolade schmilzt. Natürlich wird auch schon von den ersten Blechen genascht – aber nur so viel, dass für jede von uns mindestens zwei, besser aber drei Dosen für den ganzen Advent gefüllt sind.

Ich wünsche euch eine wunderbare Vorweihnachts- und Adventszeit sowie gemütliche Festtage mit euren Traditionen, die euch in Feststimmung versetzen – und natürlich viel Freude beim Backen!

Herzlichst eure Vivien Koitka, Chefredakteurin

Fotos: Anna Gieseler (1); Archiv (1) | Illustration: Archiv (1) | Titelfotos: Stockfood.com/für ZS Verlag / Julia Hörsch (1); Anna Gieseler (1)

INHALT

10

WINTERÄPFEL

Das rotbackige Obst inspiriert uns zu Kuchen, Kompott, Punsch & Co.

LET'S MIX!

SPECIAL MIX

MIX IT UP!

SERVICE

*Titelthema

92

SCHOKOTRÄUME

Außergewöhnliche Leckerbissen mit heller und dunkler Schokolade

Fotos: siehe Rezept- und Ratgeberseiten | Illustration: Archiv (1)

mein ZauberTopf REZEPTE DIESER AUSGABE

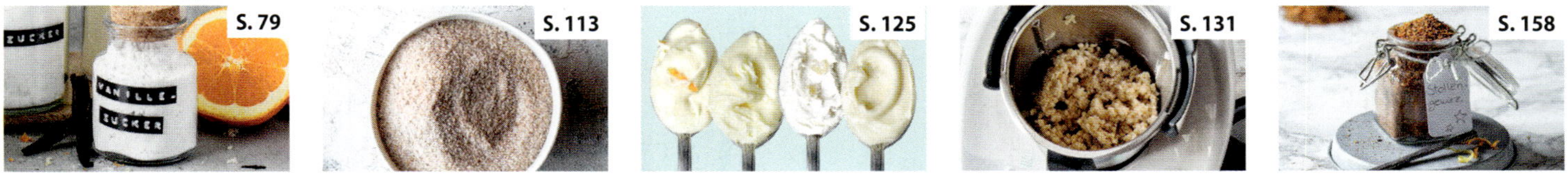

Fotos: siehe Rezeptseiten | Illustration: Archiv (1)

Backen, basteln und dekorieren bei Kerzenschein – das versetzt uns jetzt in festliche Adventstimmung

Foto: gettyimages.de / E+ / golero

Fruchtiger APFELDUFT

Leckere Äpfel gibt es auch im Winter – sie verleihen unseren Torten, Desserts und Getränken eine Extraportion Saftigkeit. Die Rezepte zeigen, wie vielseitig ihr das köstliche Obst in der Adventsküche einsetzen könnt!

Rezepte: Lukas Lotzing

Apfel-Spekulatius-Torte mit Mascarponecreme

Rezept auf Seite 18

Charlotte

Rezeptentwicklerin

Obst im Gebäck – diese Verbindung ist in meinen Augen kaum zu toppen. Ich kaufe gern eine ganze Kiste Lageräpfel, aus der ich mich bedienen kann.

Fotos: StockFood.com / Samantha Linsell (1); Archiv (1) | Illustrationen: Getty Images / iStock / Getty Images Plus / DaryaGribovskaya (1)

Glanzvolle LECKEREIEN

Liebesäpfel mit Crunch
Rezept siehe rechte Seite

Liebesäpfel mit Crunch

00 | 30 std : min

LOW CARB LOW FAT

PRO STÜCK: 602 KCAL | 4 G E | 11 G F | 121 G KH

ZZGL. 1 STD. RUHEZEIT

ZUTATEN FÜR 6 STÜCK

- ★ **100 g Nüsse (z. B. Haselnüsse oder Walnüsse)**
- ★ **50 g Mini-Salzbrezeln**
- ★ **180 g harte Karamellbonbons**
- ★ **280 g brauner Zucker**
- ★ **130 g Glukosesirup**
- ★ **40 g Wasser**
- ★ **6 große säuerliche Äpfel (z. B. Braeburn oder Granny Smith)**

AUSSERDEM

- ★ **6 Holzspieße**

1 | Nüsse in den geben, **5 Sek. | Stufe 6** zerkleinern und in eine kleine Schüssel umfüllen. Die Brezeln im **3 Sek. | Stufe 5** zerkleinern und in eine weitere Schüssel umfüllen. Den ausspülen.

2 | Die Karamellbonbons im für **5 Sek. | Stufe 8** zerkleinern. Zucker, Glukosesirup und Wasser zugeben und **35 Min. | Varoma® | Stufe 2** ohne Messbecher einkochen lassen. Ein Backblech mit Backpapier auslegen.

3 | Je einen Holzspieß in die Äpfel hineinstecken und vorsichtig jeden Apfel mithilfe eines Löffels mit heißem Karamell überziehen. Auf das Backpapier setzen und abtropfen lassen. Die Äpfel nach Belieben in den gehackten Nüssen oder Brezeln wälzen. Im Kühlschrank ca. 1 Std. vollständig auskühlen lassen.

>TIPP Taucht die Äpfel vor dem Überziehen einige Sekunden in kochendes Wasser, um das Wachs von der Apfelschale zu entfernen. Gebt die Äpfel dann noch für 30 Minuten in den Kühlschrank. So kann das Karamell später besser haften. Für rot glänzende Äpfel gebt noch ein paar Tropfen rote Lebensmittelfarbe zum Karamell hinzu.

Apfelsirup für Apfelpunsch

00 | 45 std : min

LOW CARB LOW FAT

PRO PORTION (40 ML):

119 KCAL | 0 G E | 0 G F | 30 G KH

ZZGL. 2 STD. RUHEZEIT

ZUTATEN FÜR 3 FLASCHEN À 300 ML

- ★ **850 g Äpfel, in Stücken**
- ★ **600 g Zucker**
- ★ **Saft von 1 Zitrone**
- ★ **300 g Wasser**
- ★ **1 Zimtstange**
- ★ **3 Sternanise**

1 | Die Äpfel mit Zucker sowie Zitronensaft im **4 Sek. | Stufe 5** zerkleinern und 2 Std. ziehen lassen.

2 | Die restlichen Zutaten in den geben und **40 Min. | 100 °C | Stufe 1** aufkochen lassen, dabei den Varoma® als Spritzschutz aufsetzen. Sirup durch ein feines Sieb oder Passiertuch geben und in sterile Flaschen füllen. Verschließen und abkühlen lassen. Ungeöffnet ist der Sirup etwa 6 Monate lang haltbar.

>FÜR DEN PUNSCH Gebt jeweils 40 ml des Sirups sowie 1 Zimtstange in einen Becher. Übergießt beides mit 200 ml kochendem Wasser oder Früchtetee, gut umrühren und genießen. Übrigens könnt ihr aus dem Sirup auch eine Schorle zubereiten. Für das perfekte Mischverhältnis von Wasser und Sirup gilt die Faustregel 5 : 1.

GESCHENK IDEE

Bratapfelkonfitüre mit Rum-Rosinen

00 45 std : min

LOW CARB · LOW FAT

PRO PORTION (1 EL):
31 KCAL | 0 G E | 0 G F | 6 G KH
ZZGL. 8 STD. RUHEZEIT
ZUTATEN FÜR 4 GLÄSER À 250 ML

* **50 g Rosinen**
* **3 EL Rum**
* **100 g Mandelstifte**
* **1 Vanilleschote**
* **600 g Äpfel, geschält und geviertelt**
* **Saft von 1 Zitrone**
* **500 g Gelierzucker (2:1)**
* **100 g Apfelsaft**
* **1 Zimtstange**

1 Die Rosinen über Nacht in Rum einweichen.

2 Am Folgetag Mandeln in einer Pfanne ohne Fett anrösten. Die Vanilleschote längs halbieren und Mark herauslösen.

3 Äpfel mit Zitronensaft in den geben und **5 Sek. | Stufe 4,5** zerkleinern. Gelierzucker, Mandeln, Apfelsaft, Rosinen, Zimtstange, Vanillemark sowie Vanilleschote zufügen und **18 Min. | 100 °C | | Stufe 1** sprudelnd aufkochen lassen.

4 Die Vanilleschote und die Zimtstange entnehmen, die Konfitüre in sterile Einmachgläser füllen, fest verschließen und vollständig abkühlen lassen. Dunkel und kühl gelagert ist die Konfitüre bis zu 1 Jahr haltbar.

Apfelstrudel-Kuchen

01 15 std : min

LOW CARB · LOW FAT

PRO STÜCK: 226 KCAL | 3 G E | 9 G F | 33 G KH
ZZGL. 30 MIN. RUHEZEIT
ZUTATEN FÜR 12 STÜCKE

* **90 g Zucker**
* **170 g Weizenmehl Type 405**
* **100 g Wasser**
* **1 EL Sonnenblumenöl zzgl. etwas mehr zum Fetten**
* **1 Prise Salz**
* **80 g Butter, in Stücken, zzgl. etwas mehr zum Fetten**
* **600 g Äpfel, in Stücken**
* **50 g Paniermehl**
* **50 g Mandelblättchen**
* **40 g Rosinen**
* **20 g Rum**
* **1 TL selbst gemachter Vanillezucker**
* **1 TL gemahlener Zimt**
* **Abrieb von ½ unbehandelten Zitrone**

AUSSERDEM
* **Springform (Ø 26 cm)**

1 40 g Zucker in den geben und **30 Sek. | Stufe 10** pulverisieren. Mehl, Wasser, Öl und Salz zufügen, **2 Min. |** zu einem glatten Teig verkneten. Zu einer Kugel formen, auf einen mit Öl bestrichenen Teller legen und abgedeckt etwa 30 Min. ruhen lassen. Den spülen.

2 Den Backofen auf 180 °C Ober-/Unterhitze vorheizen. Die Springform mit Backpapier auslegen und mit Butter einfetten. Übrige Butter in den geben, **1 Min. | 60 °C | Stufe 2** schmelzen und die Hälfte davon umfüllen.

3 Die Äpfel in den geben und mithilfe des **4–5 Sek. | Stufe 4,5** zerkleinern. Restlichen Zucker, Paniermehl, Mandelblättchen, Rosinen, Rum, Vanillezucker, Zimt sowie Zitronenabrieb hinzufügen und **10 Sek. | | Stufe 2,5** vermischen.

4 Den Teig auf einer gut bemehlten Arbeitsfläche zu einem dünnen Rechteck ausrollen und von der langen Seite her in 3 Streifen teilen, diese mit etwas geschmolzener Butter bestreichen. Die Füllung jeweils mittig in einem dünnen Streifen darauf verteilen, die einzelnen Teigstreifen aufrollen, und zu einer Schnecke geformt aneinander in die Springform setzen.

5 Den Strudel mit geschmolzener Butter bestreichen. Etwa 40 Min. backen, nach 20 Min. erneut mit Butter bestreichen. Strudel lauwarm mit Puderzucker bestäubt servieren.

Apfelstrudel-Kuchen
Rezept siehe linke Seite

Fotos: StockFood.com / Maria Panzer (1), Julia Hoersch (2)

Apfel-Tartes mit Honig und Pekannüssen
Rezept auf Seite 18

Knusprige TALER

Apfelkrapfen

00 50 std : min

PRO STÜCK: 246 KCAL | 3 G E | 11 G F | 33 G KH

ZZGL. 1 STD. 30 MIN. RUHEZEIT

ZUTATEN FÜR 20 STÜCK

- ★ 220 g Milch
- ★ 180 g Zucker
- ★ 1 EL selbst gemachter Vanillezucker
- ★ 20 g frische Hefe
- ★ 80 g Butter, in Stücken
- ★ 1 Ei
- ★ 500 g Weizenmehl Type 405 zzgl. etwas mehr zum Bearbeiten
- ★ ½ TL Salz
- ★ 4 Äpfel, geviertelt
- ★ Saft von ½ Zitrone
- ★ 1000 g Sonnenblumenöl zum Frittieren

1 | Milch, 80 g Zucker, Vanillezucker und Hefe im **2 Min. | 37°C | Stufe 2** erwärmen. Butter, Ei, Mehl und Salz zufügen, **2 Min. |** kneten. Umfüllen und abgedeckt 1 Std. ruhen lassen. Den spülen.

2 | Ein Blech mit Backpapier belegen. Die Äpfel mit Zitronensaft in den geben und mithilfe des **4–5 Sek. | Stufe 4,5** zerkleinern. Den Teig auf einer bemehlten Arbeitsfläche ca. 2 cm dick ausrollen, in 20 Portionen teilen. Je 2 TL Apfelstückchen in die Mitte setzen und Teiglinge zu kleinen Bällchen formen. Auf das Backblech setzen. Mit einem Küchentuch abdecken und etwa 30 Min. ruhen lassen.

3 | Das Sonnenblumenöl in einem tiefen Topf erhitzen. Es hat die richtige Temperatur, wenn an einem Holzkochlöffelstiel kleine Bläschen aufsteigen. Nun die Krapfen darin goldbraun frittieren, mit einem Schöpflöffel herausheben und anschließend auf Küchenpapier abtropfen lassen, dann noch heiß im restlichen Zucker wälzen.

>WAS TUN MIT FRITTIERÖL?

Bewahrt die Flasche vom Sonnenblumenöl auf. Lasst das Öl nach dem Frittieren im Topf abkühlen und gießt es durch ein feines Sieb und mithilfe eines Trichters zurück in die Flasche. Ihr könnt das Öl etwa 3- bis 5-mal wieder zum Frittieren verwenden. Es nimmt nach und nach den Geschmack der Gebäcke an, daher solltet ihr es besser nur für Süßes verwenden. Anschließend entsorgt ihr das wieder im Topf abgekühlte und in die Flasche zurückgefüllte Öl einfach im Restmüll.

Fotos: StockFood.com / Julia Hoersch (2)

Saftige

GOLDSTÜCKE

Apfel-Spekulatius-Torte mit Mascarponecreme

01 | 40 std : min

PRO STÜCK: 732 KCAL | 10 G E | 50 G F | 62 G KH

ZZGL. 2 STD. RUHEZEIT

ZUTATEN FÜR 12 STÜCKE

FÜR DEN TEIG
- **250 g weiche Butter, in Stücken, zzgl. etwas mehr zum Fetten**
- **200 g Haselnüsse**
- **500 g Äpfel geviertelt**
- **250 g Zucker**
- **1 EL selbst gemachter Vanillezucker**
- **3 Eier**
- **1½ TL Spekulatius-Gewürz**
- **220 g Weizenmehl Type 405**
- **1 Pck. Backpulver**
- **1 EL Rum oder Apfelsaft**
- **Puderzucker zum Bestäuben**

FÜR DAS FROSTING
- **250 g Mascarpone**
- **200 g Magerquark**
- **200 g Sahne**
- **80 g Puderzucker**

FÜR DIE KARAMELLSOSSE
- **100 g Zucker**
- **30 g Wasser**
- **60 g Butter, in Stücken**
- **100 g Sahne**

AUSSERDEM
- **Springform (Ø 24 cm)**
- **Tortenplatte**
- **Tortenring**

1 | Den Backofen auf 180 °C Ober-/Unterhitze vorheizen. Die Springform mit Backpapier auslegen und mit etwas Butter einfetten. Für den Teig Haselnüsse im **12 Sek. | Stufe 7** mahlen und umfüllen. Die Äpfel in den geben, **4 Sek. | Stufe 4,5** zerkleinern und umfüllen.

2 | Die restlichen Zutaten für den Teig mit den gemahlenen Nüssen in den geben und **1 Min. | Stufe 4** verrühren. Apfelstücke mithilfe des unterheben und in die vorbereitete Springform füllen. Den Apfelkuchen im vorgeheizten Ofen ca. 50 Min. backen. Herausnehmen und abkühlen lassen. Den spülen.

3 | Für das Frosting den Rühraufsatz einsetzen, alle Zutaten im unter Sichtkontakt **ohne Zeiteinstellung | Stufe 4** cremig aufschlagen.

4 | Den Kuchen waagerecht halbieren. Den unteren Boden auf eine Tortenplatte setzen und einen Tortenring darum spannen. Die Hälfte der Creme daraufgeben und verstreichen. Zweiten Boden auflegen und restliche Creme darauf verstreichen und die Torte kalt stellen.

5 | Für die Karamellsoße den Zucker mit Wasser in einem Topf unter Rühren langsam auflösen, zum Kochen bringen und karamellisieren lassen. Butter mit Sahne zugeben und alles auflösen. Die Soße lauwarm abkühlen lassen.

6 | Die Karamellsoße auf der Torte verteilen und diese mind. 2 Std. kalt stellen. In Stücke schneiden und servieren.

Apfel-Tartes mit Honig und Pekannüssen

01 | 00 std : min

PRO STÜCK: 647 KCAL | 18 G E | 21 G F | 95 G KH

ZZGL. 30 MIN. RUHEZEIT

ZUTATEN FÜR 4 STÜCK

- **100 g Pekannüsse**
- **250 g Dinkelmehl Type 630 zzgl. etwas mehr zum Bearbeiten**
- **125 g Quark**
- **50 g Rohrohrzucker**
- **50 g Wasser**
- **1 Ei**
- **1 EL Leinsamen**
- **4 Äpfel, in feinen Scheiben**
- **2 EL Zitronensaft**
- **1 TL gemahlener Zimt**
- **3 EL Honig zzgl. etwas mehr zum Garnieren**
- **2 EL Paniermehl**

1 | 50 g Pekannüsse in den geben, **3 Sek. | Stufe 5** zerkleinern und umfüllen. Mehl, Quark, Zucker, Wasser, Ei sowie Leinsamen in den geben und alles **2 Min. |** verkneten. Den Teig in Frischhaltefolie wickeln und 30 Min. kalt stellen. Den spülen.

2 | Äpfel in eine große Schüssel geben und mit dem Zitronensaft, gehackten Nüssen sowie Zimt vermischen. Honig mit Paniermehl in den geben und **2 Min. | 65 °C | Stufe 1** erwärmen. Den Backofen auf 180 °C Ober-/Unterhitze vorheizen. Ein Backblech mit Backpapier auslegen.

3 | Den Teig in 4 Portionen teilen und auf einer leicht bemehlten Arbeitsfläche rund ausrollen. Vorsichtig auf das Backblech legen, die Apfelmischung darauf verteilen und die Honigbrösel darübergeben. Den Teigrand rundum etwas über die Füllung einschlagen.

4 | Die Tartes im heißen Backofen ca. 30 Min. backen. Herausnehmen, etwas abkühlen lassen. Mit übrigen Pekannüssen und Honig garniert servieren.

Apple-Pie

01 00 std : min

PRO STÜCK: 558 KCAL | 9 G E | 25 G F | 772 G KH

ZZGL. 1 STD. RUHEZEIT

ZUTATEN FÜR 10 STÜCKE

FÜR DEN TEIG
- 380 g Weizenmehl Type 550 zzgl. etwas mehr zum Bearbeiten
- 190 g kalte Butter, in Stücken, zzgl. etwas mehr zum Fetten der Form
- ¼ TL Salz
- 30 g Zucker
- 90 g Wasser

FÜR DIE FÜLLUNG
- 700 g Äpfel, geviertelt
- 140 g brauner Zucker
- 30 g Weizenmehl Type 550
- 2 EL Zitronensaft
- 1 EL Orangenabrieb
- ½ TL gemahlener Zimt
- ¼ TL frisch geriebene Muskatnuss
- 1 Eigelb
- 2 EL Milch
- 2 EL Zimtzucker (siehe Rezept Seite 113)
- 10 Kugeln Vanille- oder Walnusseis
- 2 EL Karamellsoße zum Garnieren

AUSSERDEM
- Pie- oder Tarte-Form (Ø 26 cm)

1 Für den Teig alle Zutaten in den Mixtopf geben und **30 Sek. | Stufe 4** vermengen. Den Teig zu einem Riegel formen, in Frischhaltefolie wickeln und 1 Std. kalt stellen. Den Mixtopf spülen.

2 Den Backofen auf 180 °C Ober-/Unterhitze vorheizen. Die Form mit etwas Butter einfetten. Den Teig halbieren und auf eine bemehlte Arbeitsfläche geben. Die eine Teighälfte etwas größer als die Form ausrollen, in die Form geben und die Ränder andrücken. Den übrigen Teig auf Größe der Form ausrollen.

3 Äpfel, Zucker, Mehl, Zitronensaft, Orangenschale, Zimt sowie Muskat in den Mixtopf geben, **8 Sek. | Stufe 4** zerkleinern.

4 Die Füllung in die Form geben. Die übrige Teighälfte über die Füllung legen. Den Teig an den Rändern zusammendrücken und mehrere Schlitze einstechen. Eigelb mit Milch verquirlen, den Teig damit bestreichen und den Zimtzucker darüber verteilen. Anschließend im heißen Ofen ca. 45 Min. backen. Herausnehmen und in Stücke geschnitten mit Eis und Karamell servieren.

NEUHEITEN

IN DER BACKSTUBE

Die Weihnachtsbäckerei ist ein Fest für die Sinne. Am liebsten backen wir mit guten Zutaten und schönen Accessoires

Swinging CHRISTMAS

Verleiht euren Rührteigkuchen den besonderen Auftritt, indem ihr sie in einer außergewöhnlichen Backform zubereitet. Die Gugelhupfform „Swing" von Staedter bringt Marmorkuchen (Seite 98) oder Karottenkuchen (Seite 123) in Form und sorgt auf der Kaffeetafel für Staunen. Die antihaftbeschichtete Oberfläche ermöglicht ein einfaches Stürzen der Kuchen, sodass die Wirbel erhalten bleiben. Ca. 35 Euro, www.staedter.de

SCHÖN BUTTRIG

Für eure hausgemachten Ausstechplätzchen, Kipferl, Rührteige und mehr könnt ihr anstelle von Butter auch „Butaris"-Butterschmalz verwenden. Ersetzt in den Rezepten 250 g Butter durch 200 g Butterschmalz und 50 g Flüssigkeit. Butterschmalz ist leicht zu verarbeiten, weil es streichfähig bleibt, zudem verleiht es Gebäck ein angenehmes Butteraroma. Das Schmalz wird durch Klären von Butter gewonnen, dabei bleibt sozusagen das Beste der Butter übrig, weswegen das Schmalz oft etwas teurer ist als Butter. Ihr findet „Butaris" im Kühlregal eures Supermarkts. Mehr unter www.butaris.de

DER PERFEKTE BACKASSISTENT

Erfahrt in dieser **mein ZauberTopf**-Folge, warum der Thermomix® der perfekte Backassistent in eurer Backstube ist. Kennt ihr die 10 wichtigsten Gründe? Moderatorin Désirée Peikert verrät sie euch und zeigt einige ihrer Lieblingsbasics. Lest auch in den vielen Kommentaren zur Folge, was andere Mix-Fans am Thermomix® lieben. Was sind eure Back-Highlights mit dem Zaubertopf in der Adventszeit?

WAS TUN MIT ÜBRIGEM EIGELB?

Himmlisch zarte Traumstücke

Ihr habt von den frischen Eiern nur das Eiweiß verbraucht? Hier zeigen wir euch unser beliebtestes Rezept, mit dem ihr gleich 5 Eigelb verarbeitet und innerhalb von 25 Minuten luftig-softe Traumstücke entstehen. Heizt den Ofen auf 180°C Ober-/Unterhitze vor. Gebt 500 g Weizenmehl Type 405, 250 g weiche Butter, 150 g Zucker, 2 TL Vanillezucker und 5 Eigelb in den , verrührt alles **3 Min.** | mithilfe des . Aus dem Teig fingerdicke Stränge formen, diese in ca. 1 cm breite Stücke schneiden und auf Blechen ca. 15 Min. goldgelb backen. Mit Puderzucker bestäuben. Nach dem Abkühlen vernaschen oder in Keksdosen verwahren.

Einfach magisch

KLEINE ÜBERRASCHUNGEN

Am Adventssonntag darf es auch mal etwas Besonderes sein. Unseren kleinen Lebkuchengipfeln mit weißer Schneehaube haben wir ein goldenes Krönchen aus Goldpapier aufgesetzt. Serviert in einem Bett aus selbst gemachter Vanillesoße kann das Schlemmen beginnen. Das Rezept findet ihr unter www.zaubertopf-club.de, die passenden ZauberCups-Backförmchen – insgesamt 8 Stück im Set – für 19,95 Euro unter www.zaubertopf-shop.de

Fotos: Staedter (2); Butaris (1); Archiv (1); Désirée Peikert (1); Ira Leoni (1) | Illustrationen: gettyimages.de / iStock / Getty Images Plus / Anatartan (1)

Jetzt wird's festlich!

STIMMUNGSVOLLE TAFEL

Am Adventssonntag oder am Heiligabend lässt ein festlich gedeckter Tisch all eure Leckerbissen in besonderem Glanz erstrahlen. Hier kommen Blau- und Grautöne mit ruhigen Sand- und Naturnuancen zusammen, um eine elegante Wirkung zu erzielen. Unser Tipp: Stellt euer Geschirr und euer Dekor auf den Esstisch und schaut, welche Farben spannend miteinander aussehen. Schon entsteht ein toller Anblick. Hier mit Steingutgeschirr der Serie „Lave" von Villeroy & Boch. www.villeroy-boch.de

PERFEKTE PIES

Unser Stern-Pie mit Punsch-Kirschen auf Seite 130 oder auch der Apple-Pie mit Zimt von Seite 19 sowie der duftende Crumble von Seite 90 – sie alle basieren auf der amerikanischen Idee von Pies. Pies sind Kuchen mit Mürbeteigboden und -deckel, gefüllt mit einem Fruchtkompott oder Früchten mit Gewürzen. Sie sind leicht zuzubereiten, können herrlich verziert werden und das Beste: Ihr könnt sie im Voraus zubereiten und kalt stellen oder einfrieren und kurz vor dem Servieren aufbacken. In der klassischen Kuchen- bzw. Auflaufform der Serie „Innovative Kitchen" von Maison Cash ist all das auch noch stilvoll möglich. Ca. 32 Euro, zum Beispiel unter www.a-fine.de

EINE PRISE LIEBE

Mit der zweiseitigen Reibe von Microplane könnt ihr feine Prisen Muskatnuss, Zimt oder Tonkabohne sowie hauchdünne Zesten von Orangen- oder Zitronenschale direkt in den reiben. Auch Schokoladen- oder Kokosraspel zum Dekorieren schafft die Duo-Reibe nach Belieben. Ca. 35 Euro, www.microplane-brandshop.com

DIE NATUR LÄSST GRÜSSEN

Liebevoll und aus gutem Holz geschnitzt sind die tierisch schönen Wandhaken des schwedischen Herstellers Wildlife Garden. Vom brummigen Eisbären bis zum Schneehasen wachen wilde Wesen von der Nord- und Südhalbkugel über den daran befestigten Weihnachtskalender, das Nikolausgeschenk oder auch die Topfhandschuhe. 24 Euro, www.wildlifegarden.com

Fotos: Villeroy & Boch (1); Microplane (1); California Raisins (1); Wildlife Garden (1); Tchibo (2); Maison Cash (1)

VON HAUS AUS NIEDLICH

Keksstempel haben üblicherweise nur ein Motiv. Dieser Holzhaus-Würfel hat vier geprägte Seiten, mit denen ihr liebevolle kleine Muster in ausgerollten Mürbe- oder Lebkuchenteig stempeln könnt. Dazu gehört der passende Ausstecher, mit dem aus dem verzierten Teig anschließend kleine Häuser oder Geschenkanhänger entstehen. Mit einem Loch versehen, könnt ihr die gebackenen Kekse dann als Weihnachtsbaumschmuck oder Dekor für Päckchen verwenden. Ca. 15 Euro, ab 8. November 2022 bei Tchibo und unter www.tchibo.de

FRUCHTIGES DEKOR

Brownie-Tannenbäume, Stollen und Lebkuchenherzen – mit einigen fruchtigen Rosinen verleiht ihr eurem Adventsgebäck eine traditionelle Note. Eine Handvoll enthält wertvolle Nährstoffe und Vitamine wie eine Portion Obst! www.californiaraisins.de

ZAUBERHAFT

Verschneites Butterbier und gebrannte Mandeln wie in Hogsmeade, süße Alraunen und Goldene-Schnatz-Macarons … Für alle Fans des sympathischen Zauberers Harry Potter gibt es jetzt magische Weihnachtsrezepte, die mit kleinen Köstlichkeiten und pikanten Leckerbissen nach Hogwarts entführen. 24,99 Euro, www.christian-verlag.de

MÄRCHENHAFT VERPACKEN

Eure selbst befüllten Keksdosen und Geschenke im Glas könnt ihr mit fabelhafter Papeterie voller Waldwesen verzieren. Alles entdecken unter www.krima-isa.de

DOPPELT GUT!

Ob für Tee, Punsch, Espresso oder heiße Schokolade – in den doppelwandigen Trendgläsern von PPD (Paperproducts Design) bleibt das Getränk heiß, die Hände kühl. Ihr findet endlos viele Designs, ganz neu dabei sind die „Two Hearts" im hübschen Blätterkranz. Besonders schön als Geschenk für euren Lieblingsmenschen. 300 ml, ca. 15 Euro, zum Beispiel über www.lebens-werte.com

WEISSER GLÜHWEIN OHNE ALKOHOL

Dieser helle Tropfen begeistert uns wirklich: Fruchtig und zimtig mit dem weihnachtlichen Geschmack von Blutorangen und Glühwein passt ein Becher des heißen „Senza Weißglut" perfekt zu Lebkuchen, Plätzchen, frischen Waffeln und anderen festlichen Süßigkeiten. Weitere Vorzüge: Er ist aus Bio-Trauben hergestellt, vegan, kommt mit deutlich weniger Zucker aus als herkömmliche Glühweine und ist alkoholfrei! Zum Erwärmen den Glühwein in den ☐ geben und **8 Min. | 80 °C | Stufe 1** erhitzen. 0,75 l, ca. 6 Euro, www.winade.de

WARUM EIGENTLICH WEINSTEIN?

Weinstein-Backpulver ist ein natürlicher Ersatz für herkömmliches Backpuvler. Es entsteht als Nebenprodukt bei der Weinherstellung. Es kommt ohne Phosphatzusätze aus, ist vegan und glutenfrei. Beim Backen könnt ihr Weinstein-Backpulver 1:1 wie herkömmliches Backpulver verwenden. Eine 3er-Packung Weinstein-Backpulver von Dr. Oetker gibt's für ca. 1,30 Euro im Backregal oder unter www.oetker-shop.de

Fotos: Christian Verlag (3); Krima & Isa (1); Winade (1); Dr. Oetker (1); PPD (1); ASA Selection (1)

Für den großen Auftritt

HÜBSCHES AUS HOLZ

Eine neue Entdeckung: Etagèren aus feinem Akazienholz. Die dunkle, matt schimmernde Oberfläche setzt Kuchen und Gebäck wunderbar in Szene. Ihr findet die „Wooden Food Stands“ von Asa mit dem charakteristischen Kegelfuß in drei unterschiedlichen Größen ab 33 Euro unter www.asa-selection.de

Lebkuchen mal anders

Wir backen den
würzigen Klassiker selbst
und zaubern daraus herrlich
luftige Mousse, seidige Creme,
tolles Tiramisu und elegantes
Schichtdessert

Das beste Lebkuchenrezept zum Ausstechen
Rezept auf Seite 33

Foto: Anna Gieseler (1)

Soft

Der Thermomix® schlägt Sahne und Schokolade in wenigen Minuten zu einer luftigen Mousse auf, die sich auch als Abschluss des Weihnachtsmenüs sehen lassen kann.

Lebkuchen-Mousse
Rezept auf Seite 32

Lebkuchen-Schichtdessert
Rezept auf Seite 32

Karamellsoße

Basis REZEPT

Für 750 g Soße 250 g weiche Karamellbonbons in den [Mixtopf] geben und **7 Sek. | Stufe 7** zerkleinern. Mit dem [Spatel] nach unten schieben. 250 g gezuckerte Kondensmilch, 200 g Sahne sowie 60 g weiche Butter in Stücken zufügen, den Garkorb anstelle des Messbechers als Spritzschutz aufstellen und die Karamellsoße **15 Min. | Varoma® | Stufe 1,5** kochen. Soße in sterile Gläser umfüllen, sofort verschließen und abkühlen lassen. Im Kühlschrank aufbewahren. Verschlossene Gläser sind etwa 4 Wochen haltbar, angebrochene innerhalb einer Woche verbrauchen.

Einfache Vanillecreme mit Lebkuchen

Rezept auf Seite 32

Clever

Dieses Lebkuchen-Tiramisu ist in 15 Minuten fertig in die Gläser geschichtet und kann im Voraus zubereitet werden. Es schmeckt sogar besonders gut, wenn ihr es bis zum Servieren im Kühlschrank durchziehen lasst.

Lebkuchen-Tiramisu
Rezept auf Seite 33

Fotos: StockFood.com / Immediate Media / Olive; Anna Gieseler; (1)

Lebkuchen-Mousse

00 25 std : min

PRO PORTION: 609 KCAL | 10 G E | 49 G F | 36 G KH

ZZGL. 3 STD. RUHEZEIT

ZUTATEN FÜR 6 PERSONEN

- ★ 400 g Sahne
- ★ 250 g Zartbitterschokolade, in Stücken
- ★ 80 g Butter, in Stücken
- ★ 20 g selbst gemachter Vanillezucker
- ★ 2 TL Lebkuchengewürz
- ★ 4 Eier
- ★ 1 Prise Salz
- ★ 2 EL Zucker

1 | Den Rühraufsatz einsetzen. Die Sahne in den geben und **ohne Zeiteinstellung Stufe 3,5** unter Sichtkontakt steif schlagen. Den Rühraufsatz entnehmen, die Sahne umfüllen und kalt stellen. Den spülen.

2 | 50 g Zartbitterschokolade in den geben, **5 Sek.** | **Stufe 7** zerkleinern und umfüllen. Restliche Zartbitterschokolade in den geben, **5 Sek.** | **Stufe 7** zerkleinern und mit dem nach unten schieben.

3 | Butter, Vanillezucker sowie das Lebkuchengewürz zufügen und **4 Min.** | **45 °C** | **Stufe 2** schmelzen lassen. Die Schokoladenmasse in eine Schüssel umfüllen und etwas abkühlen lassen. Inzwischen den spülen.

4 | Den Rühraufsatz einsetzen. Eier mit Salz in den geben und **7 Min.** | **Stufe 4** aufschlagen. Dann **2 Min.** | **Stufe 4** weiter aufschlagen, dabei den Zucker durch die Deckelöffnung einrieseln lassen. Die Zutaten **1 Min.** | **Stufe 2** weiterrühren, dabei die Schokomasse langsam durch die Deckelöffnung zugießen. Den Rühraufsatz entnehmen und die Creme umfüllen.

5 | Die Schlagsahne mit dem vorsichtig unter die Creme heben. Die Mousse mind. 3 Std. kalt stellen. Vor dem Servieren mit der übrigen zerkleinerten Schokolade bestreuen.

Lebkuchen-Schichtdessert

00 20 std : min

PRO PORTION: 753 KCAL | 25 G E | 38 G F | 78 G KH

ZZGL. 2 STD. RUHEZEIT

ZUTATEN FÜR 4 PERSONEN

FÜR DIE CREME
- ★ 75 g Zucker
- ★ 500 g Quark
- ★ 250 g Mascarpone
- ★ 75 g Milch
- ★ 2 TL selbst gemachter Vanillezucker
- ★ 1 TL Lebkuchengewürz

FÜR DIE LEBKUCHENSCHICHT
- ★ 200 g Milch
- ★ 2 EL Honig
- ★ 1 TL Lebkuchengewürz
- ★ 8 EL Karamellsoße
- ★ 200 g Lebkuchen, in groben Stücken
- ★ 1 TL Zimtzucker
- ★ Lebkuchenfiguren zum Garnieren

AUSSERDEM
- ★ Dessertschale (ca. 1,2 l)

1 | Für die Creme Zucker im **10 Sek.** | **Stufe 10** pulverisieren. Übrige Zutaten für die Creme zugeben, **30 Sek.** | **Stufe 4** vermengen. Creme umfüllen. kurz ausspülen.

2 | Für die Lebkuchenschicht Milch, Honig und Gewürz im **3 Min.** | **80 °C** | **Stufe 2** erwärmen und in eine flache Schüssel umfüllen.

3 | Ein Viertel der Creme abnehmen. Die Hälfte davon in die Dessertschale geben, die andere Hälfte mit 2 EL Karamellsoße vermengen und beiseitestellen. Ein Drittel der Lebkuchen in die Honigmilch tunken, in die Dessertschale geben und die Karamellcreme darauf verteilen.

4 | Anschließend ein Drittel der übrigen Creme einschichten, Hälfte der übrigen Lebkuchenstücke in die Honigmilch tunken und mit 3 EL Karamellsoße in die Dessertschale geben. So fertig schichten, mit einer Cremeschicht abschließen. Das Dessert mind. 2 Std. kalt stellen. Vor dem Servieren mit Zimtzucker bestreuen und mit Lebkuchen garnieren.

Einfache Vanillecreme mit Lebkuchen

00 30 std : min

PRO PORTION: 662 KCAL | 11 G E | 34 G F | 79 G KH

ZZGL. 3 STD. RUHEZEIT

ZUTATEN FÜR 6 PERSONEN

- ★ 400 g Sahne
- ★ 750 g Milch
- ★ 75 g Zucker
- ★ 3 Eigelb
- ★ 50 g Stärke
- ★ Mark und Schote von 1 Vanilleschote
- ★ 2 TL Lebkuchengewürz
- ★ 15 Lebkuchen zum Verzieren (ca. 430 g)

1 | Den Rühraufsatz in den einsetzen. Sahne in den geben und **ohne Zeiteinstellung Stufe 3** unter Sichtkontakt steif schlagen. Die Sahne umfüllen.

2 | Milch, Zucker, Eigelbe, Stärke, Vanillemark und -schote sowie Lebkuchengewürz in den geben und alles **15 Min.** | **90 °C** | | **Stufe 3** aufkochen.

3 | Vanilleschote entnehmen, Puddingmasse in eine Schüssel umfüllen und mit hitzebeständiger Folie direkt auf der Oberfläche abdecken. Mind. 1 Std. abkühlen lassen. Anschließend die Hälfte der Sahne unter den Pudding heben.

4 | Den Rand einer großen Glasschale mit Lebkuchenbäumen auslegen und die Vanillecreme einfüllen. Die restliche Sahne darauf verstreichen und einige Bäume hineinstellen. Vor dem Servieren ca. 2 Std. kalt stellen.

> **TIPP** Dieses Dessert könnt ihr auch in eine flache Glas-Auflaufform schichten oder in kleine Dessertgläser, sodass jeder Gast eine eigene kleine Portion erhält. Gut eignen sich zum Beispiel die Glas-Auflaufformen, die ihr im ZauberTopf-Shop findet. Darin könnt ihr das Dessert vorbereiten und bis zum Servieren mit Deckeln verschlossen im Kühlschrank lagern.

Lebkuchen-Tiramisu

00 15 std : min

PRO PORTION: 722 KCAL | 8 G E | 46 G F | 70 G KH

ZUTATEN FÜR 8 GLÄSER À CA. 200 ML

- ★ **110 g Zucker**
- ★ **150 g heißer Espresso, frisch gekocht**
- ★ **3 EL Amaretto**
- ★ **400 g Lebkuchen, in Stücken**
- ★ **400 g Sahne**
- ★ **500 g Mascarpone**
- ★ **1 EL selbst gemachter Vanillezucker**
- ★ **2 TL Lebkuchengewürz**
- ★ **8 Lebkuchensterne zum Garnieren**
- ★ **Kakaopulver zum Bestreuen**

1 | Den Zucker in den Mixtopf geben und **10 Sek.** | **Stufe 10** pulverisieren, dann umfüllen. 1 EL Puderzucker, den Espresso sowie Amaretto in einer Schüssel vermengen und etwas abkühlen lassen.

2 | Die Lebkuchen in den Mixtopf geben und **4 Sek.** | **Stufe 6** zerkleinern und umfüllen. Den Mixtopf spülen.

3 | Den Rühraufsatz einsetzen. Die Sahne einwiegen und ohne Zeiteinstellung **Stufe 3,5** unter Sichtkontakt steif schlagen. Mascarpone, übrigen Puderzucker, Vanillezucker sowie Lebkuchengewürz zufügen und **30 Sek.** | **Stufe 3** unterheben.

4 | Die Lebkuchenstücke mit der Espresso-Mischung beträufeln und mit der Creme abwechselnd in 8 Gläser schichten. Mit einer Cremeschicht abschließen. Zum Schluss mit je 1 Lebkuchenstern garnieren, mit etwas Kakaopulver bestreuen und servieren.

>**TIPP** In hohen, robusten Weingläsern, wie auf dem Foto gezeigt, sehen die Desserts sehr elegant aus. Auch in schlichten Wassergläsern machen sie sich gut. Schräg einschichten könnt ihr sie in den „Magic"-Dessertgläsern, die ihr jetzt unter www.zaubertopf-shop.de findet – siehe auch Seite 135!

Das beste Lebkuchenrezept zum Ausstechen

01 00 std : min

PRO STÜCK: 103 KCAL | 1 G E | 2 G F | 21 G KH

ZZGL. 8 STD. RUHEZEIT

ZUTATEN FÜR 40 STÜCK

FÜR DEN TEIG
- ★ **100 g brauner Zucker**
- ★ **200 g Honig**
- ★ **70 g weiche Butter, in Stücken**
- ★ **1 EL Pottasche**
- ★ **1 EL Wasser**
- ★ **400 g Weizenmehl Type 405 zzgl. etwas mehr zum Bearbeiten**
- ★ **1 Ei**
- ★ **1 EL Kakaopulver**
- ★ **2 TL gemahlener Zimt**
- ★ **2 TL Ingwerpulver**
- ★ **1 Msp. gemahlene Gewürznelken**

FÜR DEN GUSS
- ★ **1 Eiweiß**
- ★ **250 g Puderzucker**

AUSSERDEM
- ★ **Ausstechformen**
- ★ **Spritzbeutel mit kleiner Tülle**

1 | Für den Teig Zucker in den Mixtopf geben und **10 Sek.** | **Stufe 10** pulverisieren. Honig mit Butter zufügen und **5 Min.** | **37°C** | **Stufe 2** erwärmen. Die Zuckermasse kurz abkühlen lassen.

2 | Pottasche mit Wasser anrühren. Mit den restlichen Zutaten für den Teig in den Mixtopf geben und **30 Sek.** | **Stufe 4** kneten. Den Teig zu einem Riegel formen, in Frischhaltefolie wickeln und über Nacht kalt stellen.

3 | Den Backofen auf 170 °C Umluft vorheizen. Den Teig auf Backpapier legen, leicht bemehlen und ca. 3 mm dünn ausrollen. Kleine Figuren ausstechen. Die Teigreste noch mal zusammenkneten und ebenso verarbeiten.

4 | Plätzchen auf mit Backpapier belegte Bleche legen, 10–15 Min. backen. Aus dem Ofen nehmen, vorsichtig vom Blech nehmen, auskühlen lassen.

5 | Für den Guss den Rühraufsatz einsetzen. Eiweiß in den Mixtopf geben und **1 Min.** | **Stufe 4** leicht aufschlagen. Den Rühraufsatz entnehmen, den Puderzucker zugeben und **30 Sek.** | **Stufe 3** zu einem dicken Guss verrühren. In einen Spritzbeutel füllen und die Lebkuchen nach Belieben verzieren.

Ein Teig

Einfach genial:
Aus einem Keksteig werden vier unterschiedliche Plätzchen, die jeden bunten Teller aufpeppen

Rezepte: Lukas Lotzing

VIER PLÄTZCHEN
Zitronensterne
Rentier-Taler
Alle Rezepte
findet ihr ab Seite 36
Foto: StockFood.com / ZS Verlag / Julia Hoersch (1)

Basis REZEPT

Den Grundteig für Ausstechkekse

Butterplätzchen

01 00 std : min

LOW CARB LOW FAT

PRO STÜCK: 49 KCAL | 1 G E | 2 G F | 6 G KH

ZZGL. 30 MIN. RUHEZEIT

ZUTATEN FÜR 60 STÜCK

250 g Weizenmehl Type 405, 150 g kalte Butter in Stücken, 100 g Zucker, 20 g selbst gemachter Vanillezucker, 1 Ei sowie 1 Prise Salz in den geben und **30 Sek. | Stufe 4** zu einem glatten Teig verkneten. Zu einem Riegel formen und in Frischhaltefolie gewickelt 30 Min. kalt stellen. Den Backofen auf 180 °C Ober-/Unterhitze vorheizen. Zwei Bleche mit Backpapier belegen. Den Teig auf einer leicht bemehlten Arbeitsfläche portionsweise etwa 0,5 cm dünn ausrollen. Mit unterschiedlichen Förmchen Plätzchen ausstechen, diese auf die vorbereiteten Bleche legen und im heißen Ofen nacheinander in jeweils 10–12 Min. hellbraun backen. Die Plätzchen aus dem Ofen nehmen und auf einem Rost vollständig abkühlen lassen. Nach Belieben pur belassen oder mit Zuckerschrift, Streuseln, Kuvertüre oder Puderzucker verzieren.

Schwarz-Weiß-Schnecken

01 00 std : min

LOW CARB LOW FAT

PRO STÜCK: 60 KCAL | 1 G E | 3 G F | 8 G KH

ZZGL. 30 MIN. RUHEZEIT

ZUTATEN FÜR 50 STÜCK

- **250 g Weizenmehl Type 405 zzgl. etwas mehr zum Bearbeiten**
- **150 g kalte Butter, in Stücken**
- **100 g Zucker**
- **20 g selbst gemachter Vanillezucker**
- **1 Ei**
- **1 Prise Salz**
- **1 EL Kakaopulver**
- **1 TL Milch**

1 Mehl, Butter, Zucker, Vanillezucker, Ei sowie Salz in den geben und **30 Sek. | Stufe 4** zu einem glatten Teig verkneten. Eine Hälfte vom Teig abnehmen. Kakao mit Milch in den zugeben und mit der anderen Teighälfte **10 Sek. | Stufe 4** vermengen.

2 Beide Teige zu einem Riegel formen und in Frischhaltefolie gewickelt 30 Min. kalt stellen. Dann beide Teige auf einer leicht bemehlten Arbeitsfläche portionsweise etwa 0,5 cm dünn zu Rechtecken ausrollen. Übereinanderlegen, leicht festdrücken und zu einer großen Rolle aufrollen.

3 Den Backofen auf 160 °C Umluft vorheizen. Zwei Backbleche mit Backpapier belegen. Aus der Rolle mit einem Messer ca. 1 cm dicke Scheiben abschneiden. Auf die vorbereiteten Bleche legen und im heißen Ofen nacheinander jeweils 10–12 Min. hellbraun backen. Die Plätzchen aus dem Ofen nehmen und auf einem Rost vollständig abkühlen lassen.

Gefüllte Butterplätzchen

01 10 std : min

LOW CARB LOW FAT

PRO STÜCK: 104 KCAL | 1 G E | 5 G F | 13 G KH

ZZGL. 30 MIN. RUHEZEIT

ZUTATEN FÜR 30 STÜCK

FÜR DEN TEIG
- ★ **250 g Weizenmehl Type 405 zzgl. etwas mehr zum Bearbeiten**
- ★ **150 g kalte Butter, in Stücken**
- ★ **100 g Zucker**
- ★ **20 g selbst gemachter Vanillezucker**
- ★ **1 Ei**
- ★ **1 Prise Salz**

FÜR DEN GUSS
- ★ **50 g Haselnüsse**
- ★ **150 g Zartbitterschokolade, in Stücken**
- ★ **30 g bunte Zuckerstreusel**

AUSSERDEM
- ★ **verschiedene Ausstecher**

1 | Für den Guss Haselnüsse in den Mixtopf geben, **3 Sek. | Stufe 6** zerkleinern und umfüllen. Mehl, Butter, Zucker, Vanillezucker, Ei sowie Salz in den Mixtopf geben und **30 Sek. | Stufe 4** verkneten. Teig zu einem Riegel formen und in Frischhaltefolie gewickelt 30 Min. kalt stellen.

2 | Den Backofen auf 180 °C Ober-/Unterhitze vorheizen. Zwei Bleche mit Backpapier belegen. Teig auf einer leicht bemehlten Arbeitsfläche portionsweise etwa 0,5 cm dünn ausrollen. Plätzchen ausstechen. Es sollte dabei immer eine gerade Anzahl je Form sein. Auf die Bleche legen und im heißen Ofen jeweils 10–12 Min. hellbraun backen. Die Plätzchen herausnehmen und auf einem Rost vollständig abkühlen lassen. Den Mixtopf spülen.

3 | Für den Guss die Schokolade in den Mixtopf geben und **5 Sek. | Stufe 7** hacken. Dann **5 Min. | 50 °C | Stufe 2** schmelzen und umfüllen. Jeweils einen Keks mit Schokolade bestreichen. Einen passenden Keks bis zur Hälfte in die Schokolade tauchen und die Kekse vorsichtig aufeinanderdrücken. Mit zerkleinerten Nüssen und Zuckerstreuseln bestreuen. Fest werden lassen und servieren.

Zitronensterne

01 10 std : min

LOW CARB LOW FAT

PRO STÜCK: 81 KCAL | 1 G E | 4 G F | 10 G KH

ZZGL. 30 MIN. RUHEZEIT

ZUTATEN FÜR 40 STÜCK

FÜR DEN TEIG
- ★ **250 g Weizenmehl Type 405 zzgl. etwas mehr zum Bearbeiten**
- ★ **150 g kalte Butter, in Stücken**
- ★ **100 g Zucker**
- ★ **20 g selbst gemachter Vanillezucker**
- ★ **1 Ei**
- ★ **1 Prise Salz**

FÜR DEN GUSS
- ★ **50 g Pistazien**
- ★ **100 g Puderzucker**
- ★ **2 EL Zitronensaft**

AUSSERDEM
- ★ **verschieden große sternförmige Ausstecher**

1 | Mehl, Butter, Zucker, Vanillezucker, Ei sowie Salz in den Mixtopf geben und **30 Sek. | Stufe 4** zu einem glatten Teig verkneten. Zu einem Riegel formen und in Frischhaltefolie gewickelt 30 Min. kalt stellen.

2 | Den Ofen auf 180 °C Ober-/Unterhitze vorheizen. Zwei Bleche mit Backpapier belegen. Teig auf einer leicht bemehlten Arbeitsfläche portionsweise etwa 0,5 cm dünn ausrollen. Mit den Sternförmchen Plätzchen ausstechen. Es sollte dabei immer eine gerade Anzahl jeder Form sein. Die Sterne auf die Bleche legen und im heißen Ofen in jeweils 10–12 Min. hellbraun backen. Plätzchen herausnehmen, auf einem Rost vollständig abkühlen lassen. Den Mixtopf spülen.

3 | Pistazien im Mixtopf **3 Sek. | Stufe 6** zerkleinern. Puderzucker und Zitronensaft in einer Schüssel zu einem Guss verrühren. 1 TL Guss auf einen Stern geben, einen gleich großen Stern daraufsetzen und vorsichtig festdrücken. Wieder 1 TL Guss daraufgeben, mit Pistazien bestreuen und vor dem Servieren vollständig aushärten lassen.

Rentier-Taler

01 00 std : min

LOW CARB LOW FAT

PRO STÜCK: 120 KCAL | 1 G E | 6 G F | 16 G KH

ZZGL. 30 MIN. RUHEZEIT

ZUTATEN FÜR 30 STÜCK

- ★ **250 g Weizenmehl Type 405 zzgl. etwas mehr zum Bearbeiten**
- ★ **150 g kalte Butter, in Stücken**
- ★ **100 g Zucker**
- ★ **20 g selbst gemachter Vanillezucker**
- ★ **1 Ei**
- ★ **1 Prise Salz**
- ★ **100 g Zartbitterschokolade, in Stücken**
- ★ **50 rote Schokolinsen**

AUSSERDEM
- ★ **runde Ausstecher**
- ★ **Spritzbeutel**

1 | Mehl, Butter, Zucker, Vanillezucker, Ei, Salz in den Mixtopf geben und **30 Sek. | Stufe 4** zu einem Teig verkneten. Zu einem Riegel formen, in Frischhaltefolie gewickelt 30 Min. kalt stellen.

2 | Den Backofen auf 180 °C Ober-/Unterhitze vorheizen. Zwei Bleche mit Backpapier belegen. Teig auf einer leicht bemehlten Arbeitsfläche portionsweise etwa 0,5 cm dünn ausrollen. Mit den Förmchen runde Plätzchen ausstechen, diese auf die vorbereiteten Bleche legen und im heißen Ofen nacheinander jeweils 10–12 Min. hellbraun backen.

3 | Die Plätzchen aus dem Ofen nehmen und auf einem Rost vollständig abkühlen lassen. Für den Guss Schokolade in den Mixtopf einwiegen und **5 Sek. | Stufe 7** hacken. Dann **5 Min. | 50 °C | Stufe 2** schmelzen. Flüssige Schokolade in einen kleinen Spritzbeutel geben. Nun Augen, Geweih, Mund und Nase auf die Kekse malen. Je eine rote Schokolinse als Nase andrücken. Fest werden lassen und servieren.

> **TIPP** Das Verzieren erfordert etwas Geschick und Geduld – doch so wird jeder Keks einzigartig! Schneller geht's, wenn ihr zum Dekorieren auf Zuckerschrift und -augen zurückgreift. Wer keinen runden Ausstecher hat, kann Gläser mit dünnem Rand zum Formen verwenden.

Fotos: Anna Gieseler (2)

Geschenke im Glas

In selbst gemachten Geschenken steckt eine Extraportion Liebe. Diese zehn Leckereien gelingen mit dem Thermomix® garantiert jedem!

Rezepte: Vera Schubert
Fotos & Styling: Kathrin Knoll

Mehr bezaubernde Ideen gibt's hier:
WWW.PINTEREST.DE/MEINZAUBERTOPF

Was ist Curd?

Die Creme auf Saft-, Ei- und Butterbasis gehört zu den beliebten Brotaufstrichen der Briten und US-Amerikaner. Die Schwierigkeit besteht darin, dass das Ei konstant gerührt und keinesfalls gekocht werden darf. Diese Herausforderungen meistert der Thermomix® völlig stressfrei. Die 90 °C werden nicht überstiegen, sodass alle Zutaten, ohne zu gerinnen, zu einer homogenen Creme verarbeitet werden.

Orangen-Curd

00 15
std : min

PRO PORTION (1 EL): 35 KCAL | 0 G E | 2 G F | 3 G KH

ZUTATEN FÜR 4 GLÄSER À 250 ML

- 200 g Zucker
- Abrieb und Saft von 2 unbehandelten Orangen
- 20 g Zitronensaft
- 180 g Butter, in Stücken
- 3 Eier
- 1 EL Stärke
- Mark von 1 Vanilleschote
- 1 TL gemahlener Zimt
- ½ TL gemahlener Kardamom

1 Zucker mit Orangenabrieb in den Mixtopf geben, **30 Sek. | Stufe 10** pulverisieren und mit dem Spatel nach unten schieben.

2 Die restlichen Zutaten zufügen, den Messbecher entnehmen und alles **14 Min. | 90 °C | Stufe 2** erhitzen.

3 Den Messbecher einsetzen und den Curd **25 Sek. | Stufe 6** pürieren. In sterile Gläser umfüllen, verschließen und abkühlen lassen.

>**HALTBARKEIT** Den Curd im Kühlschrank aufbewahren und innerhalb von 2–3 Wochen verbrauchen.

>**PAPIERETIKETTEN** Für selbst gemachte Papieretiketten einen Keksausstecher eurer Wahl als Schablone aufs Papier legen, mit einem Stift die Form übertragen und ausschneiden. Mit etwas Geschenkband an den Gläsern befestigen.

Vera

Diese Leckereien finde ich so toll, weil sie easy und schnell gemacht sind. Perfekt als Last-Minute-Geschenke!

Rezeptentwicklerin

„Bounty"-Likör

00 | 15 std : min

PRO PORTION (2 CL): 38 KCAL | 0 G E | 2 G F | 3 G KH

ZUTATEN FÜR 2 FLASCHEN À 350 ML

- **175 g Schoko-Kokos-Riegel (z. B. „Bounty")**
- **75 g Zucker**
- **1 Ei**
- **250 g Milch**
- **200 g Sahne**
- **150 g Rum**

1 | Die Riegel in den Mixtopf geben, **6 Sek. | Stufe 8** zerkleinern und mit dem Spatel nach unten schieben.

2 | Zucker, Ei sowie Milch zufügen und **5 Min. | 80 °C | Stufe 3** erhitzen. Anschließend alles **20 Sek. | Stufe 10** pürieren.

3 | Die Sahne mit dem Rum zugeben und weitere **4 Min. | 70 °C | Stufe 3** einstellen.

4 | Den Likör in sterile Flaschen abfüllen und vor dem Servieren abkühlen lassen.

> **TIPP** Für einen noch intensiveren Kokosgeschmack könnt ihr anstelle herkömmlichen Rums zu „Malibu"-Likör greifen.

> **HALTBARKEIT** Den Likör gekühlt lagern und innerhalb von etwa 4 Wochen verbrauchen.

Sauerkirsch-Zimt-Likör

00 | 15 std : min

LOW CARB · LOW FAT

PRO PORTION (2 CL): 33 KCAL | 0 G E | 0 G F | 5 G KH

ZUTATEN FÜR 2 FLASCHEN À 300 ML

* 330 g Sauerkirschsaft
* 100 g Zucker
* 3 TL gemahlener Zimt
* 160 g Rum

1 Saft, Zucker und Zimt in den [Mixtopf] geben und **10 Min. | 100 °C | Stufe 3** aufkochen.

2 Rum zugeben, **10 Sek. | Stufe 3** vermengen. Heiß in sterile Flaschen abfüllen, verschließen und abkühlen lassen.

>**HALTBARKEIT** Kühl und dunkel aufbewahren und innerhalb weniger Wochen verbrauchen.

>**NACHHALTIG** Verwendet für den Likör beispielsweise den abgetropften Saft von einem Glas Sauerkirschen (ca. 680 ml) – diese abtropfen lassen, den Saft auffangen und 330 g davon verwenden. Die Sauerkirschen könnt ihr nach Belieben zum Backen, für Desserts oder Kirschkonfitüre (siehe Seite 47) verwenden.

„Toffifee"-Aufstrich

00 | 10 std : min

PRO PORTION (1 EL): 44 KCAL | 1 G E | 2 G F | 5 G KH

ZUTATEN FÜR 1 GLAS (500 ML)

- ★ 125 g Schoko-Karamell-Pralinen (z.B. „Toffifee")
- ★ 80 g Kokosfett, in Stücken
- ★ 400 g gezuckerte Kondensmilch
- ★ 1 TL selbst gemachter Vanillezucker

1 | Pralinen mit Kokosfett in den Mixtopf geben, **8 Sek. | Stufe 8** zerkleinern und mit dem Spatel nach unten schieben.

2 | Kondensmilch mit Vanillezucker zufügen und alles **8 Min. | 70 °C | Stufe 2** erhitzen. In saubere Gläser umfüllen und abkühlen lassen.

>HALTBARKEIT Den Aufstrich gekühlt lagern und innerhalb von 2–3 Wochen verbrauchen.

Supercremig

Der Thermomix® ist ein Profi darin, besonders cremige Texturen zu erschaffen, sogar aus Zutaten, die selbst oft stückig sind. Hier zerkleinern wir „Toffifee" zunächst auf Stufe 8, anschließend werden Schokolade und Karamell der Süßigkeit zum Schmelzen gebracht. Die Creme passt so hervorragend zu Brötchen oder auch auf Stollen.

Glühweingewürzzucker

00 05 std : min

LOW CARB LOW FAT

PRO PORTION (1 EL): 38 KCAL | 0 G E | 0 G F | 9 G KH

ZUTATEN FÜR 1 GLAS À 300 ML

- 200 g brauner Kandiszucker
- Abrieb von 1 unbehandelten Orange, getrocknet
- Abrieb von 1 unbehandelten Zitrone, getrocknet
- 1 Vanilleschote
- 6 Zimtstangen
- 5 Sternanise
- 5 Kardamomkapseln
- 5 Gewürznelken
- 5 Pimentkörner
- ¼ TL frisch geriebene Muskatnuss

Alle Zutaten in den Mixtopf geben und **10 Sek. | Stufe 10** pulverisieren. Die Gewürzmischung in ein Glas umfüllen und kühl und trocken lagern.

>**ANWENDUNG** Für 2 Gläser à 250 ml füllt ihr 500 g Rotwein in den Mixtopf und gebt 2 EL Glühweingewürz dazu. Die Mischung **8 Min. | 75 °C | Stufe 1** erhitzen, dann servieren. Für eine alkoholfreie Variante Traubensaft oder Früchtetee würzen.

Goldstück zum Winterfrühstück

Bratapfelgelee

00 20 std : min

LOW CARB LOW FAT

PRO PORTION (1 EL): 21 KCAL | 0 G E | 0 G F | 5 G KH

ZUTATEN FÜR 4 GLÄSER À 250 ML

- **750 g Apfelsaft**
- **500 g Gelierzucker 2:1**
- **50 g Calvados**
- **1 Zimtstange**
- **1 Vanilleschote**
- **1 Sternanis**

Die Zutaten in den [Mixtopf] füllen, **15 Min. | 98 °C | [Linkslauf] | Stufe 1** erhitzen. Die Gewürze entnehmen, das Gelee in sterile Gläser umfüllen und sofort verschließen. Gelee vollständig abkühlen lassen.

>**HALTBARKEIT** Das Gelee ist kühl und dunkel gelagert etwa 1 Jahr haltbar. Nach dem Öffnen kalt stellen und innerhalb weniger Wochen verbrauchen.

Vanille-Birnen-Sirup

00 | 35 std : min

PRO PORTION (2 CL): 40 KCAL | 0 G E | 0 G F | 9 G KH

ZUTATEN FÜR 2 FLASCHEN À 350 ML

- 700 g Birnensaft
- 250 g brauner Zucker
- Saft von 1 Zitrone
- 1 Vanilleschote

1 Alle Zutaten in den ⌴ geben, den Messbecher entnehmen und den Sirup **30 Min. | Varoma® | ↺ | Stufe 2** köcheln lassen. Dabei den Garkorb als Spritzschutz aufsetzen.

2 Die Vanilleschote vorsichtig entnehmen und den Sirup in sterile Flaschen umfüllen. Sofort verschließen und abkühlen lassen.

>TIPP Die Vanilleschote könnt ihr zu Beginn auch halbieren und am Ende mit dem Sirup in die Flasche füllen, so zieht sie im Sirup noch nach und er bekommt ein noch intensiveres Aroma. Alternativ die Vanilleschote abspülen, trocknen und mit 200 g Zucker **20 Sek. | Stufe 10** zu Vanillezucker verarbeiten.

>HALTBARKEIT Kühl und dunkel aufbewahrt ist der Sirup etwa 3 Monate haltbar.

Dazu schmeckt's

Sirup gelingt im Thermomix® sehr leicht, da ihr nur die Einkochzeit einzustellen braucht und den Rest erledigt er. In der Zwischenzeit könnt ihr die Fläschchen zum Verschenken mit Etiketten versehen. Unser Tipp für die Verwendung: 2 EL des Sirups mit 200 g heißem Früchtetee oder kaltem Sprudelwasser aufgießen und genießen.

EASY

Weihnachtszucker

00 05 std : min

LOW CARB · LOW FAT

PRO PORTION (1 TL): 20 KCAL | 0 G E | 0 G F | 4 G KH

ZUTATEN FÜR 2 GLÄSER À 125 ML

- ★ 200 g Zucker
- ★ 50 g weiße Schokolade, in Stücken
- ★ Abrieb von 1 unbehandelten Zitrone
- ★ Abrieb von 1 unbehandelten Orange
- ★ 2 Zimtstangen
- ★ 1 Vanilleschote
- ★ 2 Gewürznelken
- ★ 1 Sternanis
- ★ ½ TL gemahlener Kardamom
- ★ ¼ TL frisch geriebene Muskatnuss

Alle Zutaten in den Mixtopf geben und **20 Sek. | Stufe 10** pulverisieren. In verschließbare Gläser umfüllen und kühl und trocken lagern.

>**TIPP** Für den Wow-Effekt könnt ihr 1 TL essbaren Gold- oder Silberglitzer zugeben.

FIX

Löffelweise Süßes

Gewürzzucker sind eine Spezialität des Thermomix®. In nur einem Mixvorgang stellt ihr ein fabelhaftes Geschenk her, dass es so nicht im Handel gibt. Hängt noch ein Schild an das Gläschen, auf dem ihr Ideen liefert, wozu der Zucker verwendet werden kann: Er schmeckt als feines i-Tüpfelchen im oder auf dem Kaffee, auf Milchreis gestreut oder unter Sahne gehoben, die ihr zu Waffeln serviert.

Chai-Trink-schokoladenpulver

00 10 std : min

LOW CARB LOW FAT

PRO EL: 46 KCAL | 1 G E | 2 G F | 6 G KH

PRO PORTION (2 EL MIT 250 G MILCH):

243 KCAL | 10 G E | 13 G F | 23 G KH

ZUTATEN FÜR 2 GLÄSER À 200 ML

- **250 g Zartbitterschokolade, in Stücken**
- **100 g Kakaopulver**
- **50 g brauner Zucker**
- **20 g selbst gemachter Vanillezucker**
- **5 TL gemahlener Zimt**
- **2 TL Gewürznelken**
- **2 TL Ingwerpulver**
- **2 TL Kardamomkapseln**
- **1 TL Pimentkörner**

Schokolade im **8 Sek.** | **Stufe 8** zerkleinern und mit dem nach unten schieben. Die übrigen Zutaten zugeben und **20 Sek.** | **Stufe 10** mahlen. Das Pulver in Schraubgläser abfüllen und kühl und trocken lagern.

>**VERWENDUNG** Pro Person je 250 g Milch oder Milchalternative mit je 2 EL Pulver in den geben, **7 Min.** | **80 °C** | **Stufe 3** erwärmen.

Kirschkonfitüre

00 20 std : min

LOW CARB LOW FAT

PRO PORTION (1 EL): 19 KCAL | 0 G E | 0 G F | 4 G KH

ZUTATEN FÜR 4 GLÄSER À 250 ML

- **1000 g Kirschen (Glas), abgetropft**
- **500 g Gelierzucker 2:1**
- **50 g brauner Rum**
- **2 TL gemahlener Zimt**
- **2 TL Glühweingewürzzucker (siehe Seite 43), alternativ Spekulatius- oder Lebkuchengewürz**

1 Die Zutaten in den geben und **30 Sek.** | **Stufe 8** zerkleinern. Mit dem nach unten schieben, **15 Min.** | **100 °C** | **Stufe 2** aufkochen.

2 Konfitüre in sterile Gläser füllen, sofort verschließen und vollständig abkühlen lassen.

>**HALTBARKEIT** Die Konfitüre ist kühl und dunkel gelagert etwa 1 Jahr haltbar. Nach dem Öffnen kalt stellen und innerhalb weniger Wochen verbrauchen.

>**TIPP** Den Saft der Kirschen könnt ihr auffangen und z. B. für den Sauerkirsch-Zimt-Likör verwenden (siehe Seite 41). Ihr könnt die Konfitüre nach Belieben noch **20 Sek.** | **Stufe 6** pürieren. So wird sie schön samtig!

Dekorieren & verpacken

Wie ihr mit wenigen Handgriffen atmosphärische Stimmung schafft, Selbstgemachtes in Glas und mit Zweigen, Leinen oder Juteband nachhaltig verpackt

ADVENTSKRANZ MAL ANDERS

Ein schönes Glas oder eine Vase verwandelt ihr mit einigen Eukalyptusblättern und -zweigen sowie leicht getönten Kerzen in einen modernen Adventskranz. Die Kerzen mit Wachsplättchen am Glasboden fixieren. Ein Schleifenband mit Tannenbaumanhänger sorgen für den festlichen Feinschliff. Das Gesteck ist ein tolles Mitbringsel, macht sich aber auch auf dem eigenen Tisch sehr gut.

MÄRCHENHAFTER TANNENWALD

Anstelle eines großen Weihnachtsbaums könnt ihr auch kleine Nadelbäumchen im Topf kaufen, die ihr dann aus den Übertöpfen nehmt und in große Einmachgläser stellt. Die Gläser nun am Schraubverschluss oder mittig mit Juteband umwickeln und locker verknoten oder Schleifen binden. Schon steht ein kleiner Wald auf der Festtafel. Die Pflänzchen könnt ihr später auch euren Gästen mitgeben, die sie als Erinnerung an einen schönen Abend bei sich einpflanzen können.

STIMMUNGSVOLLER LICHTERGLANZ

Fensterbank, Balkon und Gartentisch lassen sich mit unterschiedlich großen Schraub- oder Einmachgläsern dekorieren. Teelichter und große Kerzen in einem Farbton hineinstellen, sodass die Flamme windgeschützt ist. Das Kerzenflackern erleuchtet so in der Dämmerung den Weg bis zur Haustür oder erhellt euren Ausblick ins frühe Dunkel.

Fotos: gettyimages.de / iStock / Getty Images Plus / P_PHOTO (2), Bogdan Kurylo (1), Oksana_Schmidt (4); E+ / lambada (2), Alexandr Vorontsov (1) | Illustration: Archiv (1)

TÜCHER STATT GESCHENKPAPIER

Einem hübschen Geschirrhandtuch oder einem ausgedienten Leinenbeutel könnt ihr ganz leicht neues Leben einhauchen. Schneidet die Nähte ab für eine rustikale Haptik und Optik und schlagt darin Geschenke ein. Verknotet oder mit Juteband verbunden passen nun noch natürliche Deko wie Tannengrün, Eukalyptuszweige, getrocknetes Obst und Papieretiketten mit lieben Grüßen als Verzierung daran.

KEKSGLÄSER STATT BLECHDOSEN

Sammelt vor Weihnachten große und kleine Schraub- oder Einmachgläser. Dort hinein könnt ihr immer einen Teil eurer Adventsbäckerei oder andere Leckerbissen füllen, um sie zu verschenken.

TANNENGRÜN, BÄNDER UND NATURPAPIER

Die wirkungsvollsten Deko-Elemente zum Advent sind Tannenzweige, rot-weißes oder naturfarbenes Juteband sowie braunes Packpapier und Schildchen aus Karton. Wer dem Geschenk noch ein i-Tüpfelchen verpassen möchte, setzt roten oder kupferfarbenen Siegellack zum Verschließen drauf. Ihr findet alle Zubehöre im Bastelbedarf oder beim Floristen.

Wirkungsvolle Verpackung

Es braucht nicht viel, um ein Geschenk festlich zu dekorieren …

EINFACH UND SCHÖN

Zum Verzieren von Gläsern oder Geschenkverpackungen könnt ihr kreativ werden. Der Klassiker: Tannengrün lässt sich toll kombinieren mit anderen kleinen Accessoires aus der Natur oder mit Baumschmuck. Uns gefallen Zimtröllchen und Baumwollblüten sowie Zapfen, aber auch goldene Sterne oder kleine Metallglöckchen.

NATUR PUR

Hier liefern Accessoires die Farbe anstelle von buntem Geschenkpapier. Packpapier bekommt ihr sehr günstig auf der Rolle oder in Bögen, alternativ könnt ihr Einkaufstüten zerschneiden und ihre Innenseiten beim Einpacken nach außen wenden. Nun mit einfachem Juteband mehrfach das Päckchen umwickeln, je einen Zweig Tannengrün festknoten und nach Belieben ein weiteres Deko-Element. Für kleine Geschenke genügt auch ein Accessoire wie Zimtstangen oder Zapfen. Auch ein Lebkuchen mit Loch ist ein süßer Hingucker auf jedem Päckchen!

10 Express Plätzchen

Der Plätzchen-Express ist unterwegs! Mit dem Thermomix® ist der Teig dieser zehn Keksrezepte flink angerührt!

Rezepte: Isabel Prinz

Schnelle Vanilleherzen
Rezept auf Seite 58

IN 15 Minuten IM OFEN!

2

Schnelle Pistaziensterne

00 35 std : min

PRO STÜCK: 66 KCAL | 1 G E | 3 G F | 9 G KH

ZUTATEN FÜR 50 STÜCK

- **110 g Pistazien**
- **180 g Zucker**
- **300 g Weizenmehl Type 405 zzgl. etwas mehr zum Bearbeiten**
- **100 g weiche Butter, in Stücken**
- **1 Ei**
- **20 g Milch**
- **1 Prise Salz**
- **2 Tropfen Bittermandelaroma**
- **1 EL Zitronensaft**

AUSSERDEM

- **Stern-Ausstecher (Ø 5 cm)**

1 | Den Backofen auf 160 °C Umluft vorheizen. Zwei Backbleche mit Backpapier auslegen. Für den Teig die Pistazien in den geben, **10 Sek. | Stufe 7** fein mahlen und umfüllen. Dann 55 g Zucker im **10 Sek. | Stufe 10** pulverisieren und umfüllen.

2 | Mehl, Butter, Ei, Milch, Salz, Bittermandelaroma sowie 90 g gemahlene Pistazien zufügen und alles **30 Sek. | Stufe 4** zu einem glatten Teig vermengen.

3 | Den Teig auf einer leicht bemehlten Arbeitsfläche ca. 6 mm dick ausrollen. Mit dem Ausstecher Sterne ausstechen und auf die Backbleche legen. Den restlichen Teig wieder kurz verkneten, erneut ausrollen und Sterne ausstechen, bis er aufgebraucht ist. Die Pistaziensterne im heißen Ofen ca. 15 Min. backen. Herausnehmen, mit dem Backpapier vom Blech ziehen und auf einem Kuchengitter auskühlen lassen.

4 | Für den Guss den Puderzucker mit dem Zitronensaft glatt rühren. Den Guss mit einem Pinsel auf die Pistaziensterne streichen. Sofort mit den restlichen gemahlenen Pistazien bestreuen und trocknen lassen.

>TIPP Ihr könnt auch geröstete ungesalzene Pistazien in der Schale kaufen und sie selbst aufbrechen. Sie sind preiswerter und ein bisschen Knabberspaß ist auch noch dabei!

3

Schnelle Apfel-Crumbles

00 30 std : min

PRO STÜCK: 60 KCAL | 1 G E | 3 G F | 8 G KH

ZUTATEN FÜR 40 STÜCK

- **1 Apfel, in Stücken**
- **250 g Weizenmehl Type 405**
- **120 g Zucker**
- **125 g kalte Butter, in Stücken**
- **2 TL selbst gemachter Vanillezucker**
- **½ TL gemahlener Zimt**
- **½ TL Backpulver**

1 | Den Backofen auf 180 °C Umluft vorheizen. Zwei Bleche mit Backpapier auslegen. Die Apfelstücke im **2 Sek. | Stufe 5** zerkleinern und umfüllen.

2 | Die übrigen Zutaten in den geben und **15 Sek. | Stufe 5** zu Streuseln verarbeiten. Zerkleinerten Apfel zufügen und **10 Sek. | ↺ | Stufe 3** unter die Streusel heben.

3 | Mit einem Esslöffel etwas Streuselmischung abnehmen und als kleines Häufchen auf das Backblech setzen. Mit den Händen leicht zusammendrücken. Insgesamt 40 Teighäufchen mit etwas Abstand zueinander auf die Bleche setzen.

4 | Die Plätzchen im vorgeheizten Ofen ca. 15 Min. goldbraun backen. Herausnehmen, mit dem Backpapier vom Blech ziehen und auf einem Kuchengitter vollständig auskühlen lassen.

>TIPP Gleich große Plätzchen lassen sich mit einem Eisportionierer rasant aufs Blech setzen. Ihr könnt auch gleich die doppelte Menge des Teigs herstellen, mit dem Eisportionierer habt ihr die Bleche fix befüllt und 80 Crumbles zubereitet.

4

Schnelle Florentiner

00 25 std : min

PRO STÜCK: 102 KCAL | 2 G E | 6 G F | 9 G KH

ZUTATEN FÜR 25 STÜCK

- **20 g Orangeat**
- **40 g Honig**
- **35 g weiche Butter**
- **75 g Zucker**
- **60 g Sahne**
- **200 g Mandelblättchen**
- **100 g Zartbitterkuvertüre, in Stücken**

AUSSERDEM

- **Backrahmen (25×25 cm)**

1 Backofen auf 220 °C Ober-/Unterhitze vorheizen. Ein Backblech mit Backpapier auslegen und den Backrahmen darauf platzieren. Orangeat in den geben, **5 Sek. | Stufe 7** zerkleinern und umfüllen. Honig, Butter, Zucker sowie Sahne in den geben und alles **6 Min. | 90 °C | Stufe 2** erhitzen. Orangeat sowie die Mandelblättchen zufügen und **2 Min. | 90 °C | | Stufe 2** unterrühren.

2 Die Masse auf das Backblech gießen und glatt streichen. Im heißen Ofen ca. 5 Min. goldgelb backen. Herausnehmen, vom Backrahmen lösen und auf dem Blech ca. 5 Min. abkühlen lassen. Inzwischen den spülen und abtrocknen.

3 Die Kuvertüre in den Topf geben, **8 Sek. | Stufe 8** zerkleinern und mit dem nach unten schieben. Dann **5 Min. | 50 °C | Stufe 1** schmelzen lassen.

4 Die Florentinerplatte mit einem zweiten Stück Backpapier belegen und auf ein Schneidebrett stürzen. Die Unterseite mit der Kuvertüre bestreichen. Die Platte mit einem Messer in ca. 5×5 cm große Quadrate schneiden und diese auskühlen lassen, bis die Kuvertüre fest geworden ist.

>TIPP Wir bestreichen die ungeschnittene Florentinerplatte mit der geschmolzenen Schokolade, lassen sie trocknen und schneiden dann Stücke. Das ist zeitsparender, als jeden Florentiner einzeln in Schokolade zu tunken.

Schnelle Himbeer-Mohn-Schnecken

00 30 std : min

PRO STÜCK: 82 KCAL | 1 G E | 3 G F | 12 G KH

ZUTATEN FÜR 30 STÜCK

- **200 g Weizenmehl Type 405 zzgl. etwas mehr zum Bearbeiten**
- **50 g Stärke**
- **1 TL Backpulver**
- **100 g Zucker**
- **2 TL selbst gemachter Vanillezucker**
- **100 g weiche Butter, in Stücken**
- **1 Ei**
- **1 EL Milch**
- **60 g Himbeerkonfitüre**
- **3 EL Mohn**

1 Den Backofen auf 160 °C Umluft vorheizen. Zwei Backbleche mit Backpapier auslegen. Mehl, Stärke, Backpulver, 70 g Zucker, Vanillezucker, Butter, Ei sowie Milch in den geben und **20 Sek. | Stufe 5** verkneten.

2 Auf der bemehlten Arbeitsfläche zu einem Rechteck (ca. 40×30 cm) ausrollen. Die Himbeerkonfitüre mit einem Löffel auf der Teigplatte verstreichen. Den Mohn mit dem übrigen Zucker mischen und den Mix gleichmäßig auf die Konfitüre streuen.

3 Die Teigplatte von der langen Seite her aufrollen. Die Rolle in ca. 1 cm dicke Scheiben schneiden und die Scheiben auf die Backbleche verteilen. Die Schnecken im Ofen ca. 13 Min. backen.

4 Die Himbeer-Mohn-Schnecken aus dem Ofen nehmen und auf einem Kuchengitter auskühlen lassen.

>TIPP Ist der Teig durch das Verarbeiten mit den Händen etwas zu weich zum Schneiden geworden und die Schnecken werden zu flach, wickelt die gesamte Rolle in Frischhaltefolie und legt diese 30 Minuten in den Kühlschrank. Anschließend lassen sich einfacher Scheiben schneiden, die schön rund bleiben.

AUFROLLEN & SCHNEIDEN,
schon sind zwei Bleche befüllt

AROMATISCHER TEIG *in nur einer Minute!*

7

Schnelle Walnusskringel

00 25 std : min

PRO STÜCK: 129 KCAL | 2 G E | 8 G F | 12 G KH

ZUTATEN FÜR 30 STÜCK

- **150 g Walnüsse**
- **150 g weiche Butter, in Stücken**
- **50 g Ahornsirup**
- **120 g Zucker**
- **2 TL selbst gemachter Vanillezucker**
- **½ TL Ingwerpulver**
- **2 Eier**
- **1 Eigelb**
- **1 TL Backpulver**
- **220 g Weizenmehl Type 405**

AUSSERDEM

- **Spritzbeutel mit Sterntülle**

1 | Den Backofen auf 160 °C Umluft vorheizen. Zwei Backbleche mit Backpapier auslegen. Walnüsse in den geben, **10 Sek. | Stufe 7** fein mahlen und umfüllen.

2 | Butter, Ahornsirup, Zucker, Vanillezucker, Ingwerpulver, Eier sowie Eigelb in den geben und **10 Sek. | Stufe 4** vermengen. Gemahlene Walnüsse mit Backpulver und Mehl zugeben, **20 Sek. | Stufe 4** untermischen, bis ein glatter Teig entstanden ist.

3 | Den Teig in den Spritzbeutel füllen und mit etwas Abstand zueinander Kringel von ca. Ø 5 cm auf die Backbleche aufspritzen. Die Bleche im heißen Ofen 12–15 Min. backen. Herausnehmen, mit dem Backpapier vom Blech ziehen und auf einem Kuchengitter auskühlen lassen.

>**TIPP** Kringel formen braucht etwas Zeit. Noch schneller geht es, wenn ihr anstelle von Kringeln aus dem Teig ganz einfach ca. 4 cm lange Streifen direkt auf das Blech spritzt.

Schnelle Kakaomakronen

00 35 std : min

PRO STÜCK: 52 KCAL | 2 G E | 2 G F | 8 G KH

ZUTATEN FÜR 30 STÜCK

- **30 Backoblaten (Ø 5 cm)**
- **80 g Mandeln**
- **3 Eiweiß**
- **125 g Zucker**
- **2 TL selbst gemachter Vanillezucker**
- **40 g Kakaopulver**
- **80 g Haferflocken**

1 | Den Backofen auf 140 °C Umluft vorheizen. Zwei Backbleche mit Backpapier auslegen und 30 Backoblaten darauf verteilen. Mandeln in den geben, **10 Sek. | Stufe 7** zerkleinern und umfüllen. spülen.

2 | Den Rühraufsatz einsetzen. Eiweiße in den geben und **3 Min. | Stufe 3,5** aufschlagen. Dabei nach der Hälfte der Zeit Zucker und Vanillezucker durch die Deckelöffnung einrieseln lassen. Den Rühraufsatz entnehmen.

3 | Gemahlene Mandeln, Kakao und Haferflocken in einer Schüssel vermischen, zum Eischnee in den Topf geben und mit dem unterheben, bis ein zäher Teig entstanden ist. Nach und nach mit zwei Teelöffeln kleine Teigportionen abnehmen und in Häufchen auf die Oblaten setzen. Dabei etwas flach drücken.

4 | Die Kakaomakronen im heißen Ofen ca. 25 Min. backen. Herausnehmen und auf dem Backblech vollständig auskühlen lassen.

>**TIPP** Die Zubereitung des luftig-zarten Gebäcks ist denkbar einfach. Ihr braucht nur den Eischnee mit dem Zucker im aufschlagen, alle weiteren Zutaten auf einmal zugeben und ganz kurz unterrühren. Das geht so fix, dass ihr auch gleich die doppelte Menge zubereiten könnt. Ideen für übriges Eigelb findet ihr auf Seite 116.

Verratet uns euer Lieblings-Keksrezept hier:
WWW.ZAUBERTOPF.DE/FACEBOOK

Schnelle Vanilleherzen

00 | 30 std : min

PRO STÜCK: 62 KCAL | 1 G E | 3 G F | 8 G KH

ZUTATEN FÜR 40 STÜCK

- **135 g Zucker**
- **1 Vanilleschote**
- **250 g Weizenmehl Type 405 zzgl. etwas mehr zum Bearbeiten**
- **½ TL Backpulver**
- **1 Ei**
- **125 g kalte Butter, in Stücken**
- **20 g Johannisbeergelee**
- **1 TL Wasser**

AUSSERDEM
- **Herz-Ausstecher (Ø 6 cm)**

1 | Den Backofen auf 160 °C Umluft vorheizen. Zwei Backbleche mit Backpapier auslegen. 50 g Zucker im **10 Sek. | Stufe 10** pulverisieren und umfüllen. Die Vanilleschote längs aufschneiden, das Mark herauslösen und mit Mehl, Backpulver, 85 g Zucker, Ei und Butter im **20 Sek. | Stufe 4** verkneten.

2 | Den Teig auf einer leicht bemehlten Arbeitsfläche ca. 5 mm dick ausrollen. Herzen ausstechen und mit etwas Abstand zueinander auf die Backbleche legen. Restlichen Teig erneut ausrollen und weitere Herzen ausstechen, bis der Teig aufgebraucht ist.

3 | Die Vanilleherzen im Ofen 8–10 Min. backen. Herausnehmen, mit dem Backpapier vom Blech ziehen und auf einem Kuchengitter vollständig auskühlen lassen.

4 | Johannisbeergelee, Puderzucker und Wasser glatt rühren. Vanilleherzen mit dem Guss bestreichen und trocknen lassen.

Schnelle Haselnuss-Busserl

00 | 30 std : min

PRO STÜCK: 108 KCAL | 2 G E | 8 G F | 8 G KH

ZUTATEN FÜR 30 STÜCK

- **125 g Haselnüsse**
- **175 g weiche Butter, in Stücken**
- **2 Eigelb**
- **75 g Agavendicksaft**
- **1 Prise Salz**
- **200 g Weizenvollkornmehl**
- **½ TL Backpulver**
- **50 g Erdbeerkonfitüre**

1 | Den Backofen auf 180 °C Umluft vorheizen. Zwei Backbleche mit Backpapier auslegen. Die Haselnüsse in den geben **10 Sek. | Stufe 7** mahlen und umfüllen. Die Butter mit Eigelben, Agavendicksaft und Salz im **1 Min. | Stufe 4** schaumig schlagen.

2 | Vollkornmehl, gemahlene Haselnüsse und Backpulver zufügen und **20 Sek. | Stufe 5** zu einem geschmeidigen Teig kneten.

3 | Aus dem Teig mit den Händen walnussgroße Kugeln formen und mit etwas Abstand zueinander auf die Backbleche setzen. Mit dem angefeuchteten Stielende eines Kochlöffels in jede Teigkugel eine ca. 1 cm tiefe Mulde drücken. Die Erdbeerkonfitüre glatt rühren und mit einem Teelöffel kleine Portionen in die Mulden geben.

4 | Im Ofen ca. 15 Min. backen. Herausnehmen, mit dem Backpapier vom Blech ziehen und auf einem Kuchengitter auskühlen lassen.

>TIPP Aus dem übrigen Eiweiß könnt ihr die Amarettini auf Seite 66 zubereiten. Mehr Ideen für übriges Eiweiß lest ihr auf Seite 116.

Schnelle Nougattatzen

00 | 35 std : min

PRO STÜCK: 134 KCAL | 2 G E | 6 G F | 18 G KH

ZUTATEN FÜR 30 STÜCK

- **150 g weiche Butter, in Stücken**
- **240 g Nougat, in Stücken**
- **170 g Weizenmehl Type 405**
- **150 g Stärke**
- **100 g Zucker**
- **2 TL selbst gemachter Vanillezucker**
- **2 Eier**

AUSSERDEM
- **Spritzbeutel mit Lochtülle**

1 | Den Backofen auf 160 °C Umluft vorheizen. Zwei Backbleche mit Backpapier auslegen. Die Butter mit 120 g Nougat in den geben und **5 Min. | 50 °C | Stufe 2** schmelzen.

2 | Restliche Zutaten, bis auf den übrigen Nougat, in den geben und **1 Min. | Stufe 4** zu einem geschmeidigen Teig verrühren.

3 | Den Teig in den Spritzbeutel füllen und zu ovalen Tupfen (Ø 4 cm) auf die Backbleche spritzen. Die Nougattatzen im vorgeheizten Ofen 15–18 Min. backen. Herausnehmen, mit dem Backpapier vom Blech ziehen und auf einem Kuchengitter vollständig auskühlen lassen. Den spülen.

4 | Den restlichen Nougat in den geben und **4 Min. | 50 °C | Stufe 2** schmelzen. Die Nougattatzen jeweils bis zur Hälfte darin eintunken und den Nougat fest werden lassen.

VOLLE KEKSDOSEN

Für einen Backtag suche ich mir gern verschiedene Plätzchenrezepte aus, mit denen ich am Schluss mehrere Dosen befüllt haben möchte. Mir gefällt es außerdem, wenn ich eine große Vielfalt habe, der man gar nicht ansieht, wie schnell sie gebacken wurde …

Vivien

Chefredakteurin

Schnelle Haselnuss-Busserl
Rezept siehe linke Seite

Flink und fruchtig GEFÜLLT

8

Schnelle Nougattatzen
Rezept siehe linke Seite

9

Foto: Archiv (1)

Umluft oder lieber Ober- und Unterhitze?

GUT ZU WISSEN:
Wenn ihr Kuchen, Kekse und Co. backen möchtet, sind Ober- und Unterhitze sowie Umluft die richtigen Ofen-Einstellungen. Umluft ist die schnellere Heizart, die Speise werden aber häufig trockener. Bei Kuchen und empfindlichen Speisen, die saftig bleiben sollen, wählt ihr besser Ober-/Unterhitze. Alle wichtigen Infos zu den Heizarten für euch im Überblick:

OBER- UND UNTERHITZE

- ✓ Beide lassen sich meist separat einstellen, ihr könnt also auch nur mit Unterhitze backen oder nur mit Oberhitze.
- ✓ Bei Ober- und Unterhitze sind es Heizspiralen, die von der Decke bzw. dem Boden die Wärme übertragen.
- ✓ Die meisten Backrezepte basieren auf Ober-/Unterhitze und auf „mittlerer Schiene". Das heißt, ihr schiebt das Blech in eine der mittleren Schienen des Ofens.

+ VORTEIL Bei Ober- und Unterhitze wird dem Gargut weniger Feuchtigkeit entzogen. Kuchen und Co. bleiben saftig.

- NACHTEIL Diese Funktion erlaubt nur ein Blech pro Backvorgang.

UMLUFT

- ✓ Die warme Luft wird ebenso durch die Heizstäbe der Ober-/Unterhitze erzeugt, der Ventilator an der Rückwand des Ofens lässt sie dabei zusätzlich gleichmäßig zirkulieren.
- ✓ Bei den meisten Rezepten wird die Temperatur für die Ober-/Unterhitze angegeben. Möchtet ihr Ober-/Unterhitze für Umluftbetrieb umrechnen, braucht ihr nur 20 °C abzuziehen. Beispiel: 180 °C Ober-/Unterhitze entsprechen 160 °C Umluft.

+ VORTEIL Ihr könnt mehrere Bleche auf einmal backen – perfekt für Plätzchen. Zudem wird alles gleichzeitig fertig und ihr spart Energie!

- NACHTEIL Die Backwaren können trockener werden. Bei Plätzchen und Mürbeteig ist das wiederum häufig sogar erwünscht.

10

Schnelle Mandelberge

00 | 35 std : min

PRO STÜCK: 84 KCAL | 2 G E | 5 G F | 8 G KH

ZUTATEN FÜR 30 STÜCK

- ★ 200 g Mandeln
- ★ 100 g Vollmilchkuvertüre, in Stücken
- ★ 2 Eier
- ★ 150 g Zucker
- ★ 1 TL selbst gemachter Vanillezucker
- ★ ½ TL gemahlener Zimt
- ★ 1 Prise Salz

1 Den Backofen auf 160 °C Umluft vorheizen. Zwei Backbleche mit Backpapier auslegen. Mandeln in den Mixtopf geben, **12 Sek. | Stufe 7** mahlen und umfüllen. Die Kuvertüre im Mixtopf **6 Sek. | Stufe 8** zerkleinern und ebenfalls umfüllen.

2 Die Eier mit Zucker, Vanillezucker, Zimt sowie Salz in den Mixtopf geben und **1 Min. Stufe 4** glatt rühren. Gemahlene Mandeln und Kuvertüre **10 Sek. | Stufe 3** unterrühren.

3 Mit zwei Teelöffeln kleine Teigportionen abnehmen und je 15 walnussgroße Häufchen auf jedes Backblech setzen. Die Mandelberge im vorgeheizten Ofen ca. 20 Min. backen. Herausnehmen und auf dem Backblech vollständig auskühlen lassen.

Foto: Archiv (1)

Buon Natale

Dieses Jahr lassen wir uns von kleinen Leckerbissen auf die Weihnachtsmärkte Italiens entführen

Schokoladen-Amarettini mit Cayennepfeffer
Rezept auf Seite 66

Haselnussblättchen mit Amaretto
Rezept auf Seite 67

Florentiner-Ecken
Rezept auf Seite 66

Fotos: StockFood.com / Jalag / Julia Hoersch (1); gettyimages.de / E+ / Flavio Vallenari (1) | Illustrationen: Archiv (1)

Espresso-Cantuccini mit Limettenguss
Rezept auf Seite 67

Knusprige Dolci zum Espresso bringen uns an die festlichsten Urlaubsorte

Schokoladen-Amarettini mit Cayennepfeffer

00 | 45 std : min

PRO STÜCK: 34 KCAL | 1 G E | 2 G F | 3 G KH

ZUTATEN FÜR 50 STÜCK

- **200 g Mandeln**
- **100 g Zucker**
- **1 EL Kakaopulver**
- **2 Eiweiß**
- **1 TL selbst gemachter Vanillezucker**
- **¼ TL Cayennepfeffer zzgl. etwas mehr zum Bestäuben**

AUSSERDEM

- **Spritzbeutel mit Lochtülle**

1 Den Backofen auf 150 °C Ober-/Unterhitze vorheizen. Zwei Backbleche mit Backpapier auslegen. Mandeln, 50 g Zucker sowie Kakaopulver in den geben und **10 Sek. | Stufe 10** mahlen. Die Mandelmischung umfüllen. Den ausspülen und trocknen.

2 Den Rühraufsatz einsetzen. Eiweiße in den fettfreien geben und **2 Min. | Stufe 3,5** steif schlagen. Weitere **2 Min. | Stufe 3,5** einstellen, dabei den übrigen Zucker sowie Vanillezucker durch die Deckelöffnung einrieseln lassen. Mandelmischung sowie Cayennepfeffer zufügen und **10 Sek. | Stufe 3,5** unterheben.

3 Den Teig in den Spritzbeutel füllen und in ca. 50 kleinen Tupfen auf die vorbereiteten Bleche spritzen oder mithilfe von zwei Teelöffeln kleine Häufchen formen. Die Bleche nacheinander im heißen Ofen ca. 15 Min. backen.

4 Die Amarettini aus dem Ofen nehmen, abkühlen lassen und nach Belieben mit etwas Cayennepfeffer bestäubt servieren.

>TIPP Amarettini sind ein klassisches italienisches Gebäck zum Kaffee. Die knusprigen kleinen Baisertupfen haben wir mit einem Hauch Kakao und Cayennepfeffer verfeinert, das macht sie zu eleganten kleinen Leckerbissen, die sich auch verpackt in kleine Kekstüten toll als Geschenk machen. Dazu passt dann eine Packung Espresso – fertig ist das liebevolle Weihnachtsgeschenk!

Florentiner-Ecken

01 | 15 std : min

PRO STÜCK: 374 KCAL | 6 G E | 24 G F | 35 G KH

ZZGL. 1 STD. 30 MIN. RUHEZEIT

ZUTATEN FÜR 24 STÜCK

- **400 g Zucker**
- **300 g Butter, in Stücken**
- **300 g Weizenmehl Type 405 zzgl. etwas mehr zum Bearbeiten**
- **1 Eigelb**
- **1 Prise Salz**
- **50 g Honig**
- **125 g Sahne**
- **400 g Mandelblättchen**
- **200 g Zartbitterkuvertüre, in Stücken**

AUSSERDEM

- **Backrahmen (ca. 20×30 cm)**

1 100 g Zucker in den geben, **10 Sek. | Stufe 10** pulverisieren und mit dem nach unten schieben. 200 g Butter, Mehl, Eigelb sowie Salz zufügen und **20 Sek. | Stufe 5** verkneten. Den Teig in Frischhaltefolie wickeln und ca. 1 Std. kalt stellen. Den spülen.

2 Ein Backblech mit Backpapier belegen und den Backrahmen daraufsetzen. Den Backofen auf 200 °C Ober/Unterhitze vorheizen. Den Teig auf einer leicht bemehlten Arbeitsfläche dünn ausrollen und in den Backrahmen legen. Mit einer Gabel mehrmals einstechen und im heißen Ofen ca. 7 Min. vorbacken. Herausnehmen und abkühlen lassen.

3 Die übrige Butter, den restlichen Zucker, Honig sowie Sahne in den geben und **10 Min. | 100 °C | Stufe 1** aufkochen. Die Mandelblättchen zufügen und **5 Min. | 100 °C | | ** mitkochen.

4 Die Masse auf dem Teigboden verstreichen. Die Ofentemperatur auf 180 °C Ober-/Unterhitze reduzieren und das Blech für 15–20 Min. in den Ofen schieben. Anschließend etwa 30 Min. abkühlen lassen, dann noch leicht warm in kleine Dreiecke schneiden. Den spülen.

5 Die Kuvertüre in den geben und **8 Sek. | Stufe 8** zerkleinern. Mit dem nach unten schieben, **5 Min. | 50 °C | Stufe 2** schmelzen und umfüllen. Die Unterseiten der Florentiner mit der Schokolade bestreichen und auf Backpapier fest werden lassen.

>TIPP Hier kommt unsere italienische Variante der traditionellen Nussecke. Dafür stellen wir Mandelkrokant her, den wir auf Mürbeteig streichen. Mit etwas herber Zartbitterschokolade werden die feinen Gebäcke unvergleichlich köstlich.

Haselnussblättchen mit Amaretto

01 30 std : min

PRO STÜCK: 63 KCAL | 1 G E | 3 G F | 9 G KH

ZZGL. 8 STD. RUHEZEIT

ZUTATEN FÜR 50 STÜCK

- 200 g Zucker
- 1 TL gemahlener Zimt
- 2 Eier
- 30 g Amaretto
- 250 g Weizenmehl Type 405
- 1 TL Backpulver
- 180 g Haselnüsse

AUSSERDEM
- Kastenform (ca. 25 cm Länge)

1 Den Backofen auf 160 °C Ober-/Unterhitze vorheizen. Die Kastenform mit Backpapier auslegen. 50 g Zucker mit dem Zimt in den geben, **8 Sek. | Stufe 10** pulverisieren und mit dem nach unten schieben.

2 Rühraufsatz einsetzen. Eier, restlichen Zucker sowie Amaretto zufügen und **8 Min. | 37 °C | Stufe** 2,5 cremig rühren. Rühraufsatz entfernen.

3 Mehl, Backpulver sowie Haselnüsse zugeben und **15 Sek.** | | **Stufe 2,5** untermischen. Eventuelle Mehlspitzen mit dem vollständig untermischen.

4 Teig in die vorbereitete Kastenform geben und im heißen Ofen 50–60 Min. goldgelb backen. Kuchen 10 Min. in der Form abkühlen lassen, dann stürzen und auf einem Kuchengitter vollständig abkühlen lassen. Den Kuchen über Nacht in ein feuchtes Küchentuch wickeln.

5 Am nächsten Tag den Backofen auf 180 °C Umluft vorheizen. Zwei Backbleche mit Backpapier belegen. Den Kuchen mit einem scharfen Sägemesser in 3–4 mm dünne Scheiben schneiden. Die Scheiben auf die vorbereiteten Bleche legen und im heißen Ofen7–8 Min. backen, bis sie leicht goldgelb sind.

6 Plätzchen mit dem Backpapier vom Backblech ziehen und abkühlen lassen. Die Blättchen servieren oder in einer Dose luftdicht verschlossen aufbewahren.

>TIPP Die zarten Haselnussblättchen werden zweimal gebacken. Zunächst stellt ihr eine Art Kuchen her, den ihr nach dem ersten Backen in dünne Scheiben schneiden könnt. Durch den zweiten Backvorgang erhalten die Scheibchen ihre herrlich knusprige Konsistenz. Wer mag, kann den Amaretto durch 30 g Orangensaft und etwas Bittermandelaroma ersetzen für eine alkoholfreie Variante.

Espresso-Cantuccini mit Limettenguss

01 00 std : min

PRO STÜCK: 70 KCAL | 2 G E | 2 G F | 11 G KH

ZZGL. 30 MIN. RUHEZEIT

ZUTATEN FÜR 50 STÜCK

FÜR DIE CANTUCCINI
- 150 g Mandeln
- 2 EL Instant-Espressopulver
- 1 EL heißes Wasser
- 250 g Weizenmehl Type 405
- 1 TL Backpulver
- 200 g Zucker
- 25 g weiche Butter
- 2 Eier

FÜR DEN GUSS UND LIMETTENZUCKER
- 100 g Zucker zzgl. 2 EL
- Abrieb und Saft von 2 unbehandelten Limetten

1 Für die Cantuccini Mandeln in einer Pfanne ohne Fett anrösten und auskühlen lassen. Anschließend in den geben, **3 Sek. | Stufe 7** hacken und umfüllen. Espressopulver mit heißem Wasser verrühren und beiseitestellen.

2 Mehl mit Backpulver, Zucker, Butter sowie Eiern in den geben und **2 Min.** | mischen. Den Espresso mit Mandeln zugeben, **30 Sek.** | verkneten. Den Teig in Frischhaltefolie wickeln und 30 Min. in den Kühlschrank legen.

3 Backofen auf 200 °C Ober-/Unterhitze vorheizen. Ein Backblech mit Backpapier auslegen. Den gekühlten Teig in 3 gleich große Stücke teilen und jedes Stück auf einer bemehlten Arbeitsfläche zu einer etwa 25 cm langen Rolle formen. Diese auf das Blech legen und im heißen Ofen etwa 15 Min. backen.

4 Rollen lauwarm abkühlen lassen, schräg in ½ cm breite Scheiben schneiden. Scheiben mit der Schnittfläche nach oben auf das Blech legen. Im Ofen erneut 8–10 Min. goldgelb backen. Herausnehmen und auskühlen lassen. Den spülen.

5 Für den Guss Zucker in den geben, **1 Min. | Stufe 10** pulverisieren und in eine Schüssel umfüllen. Puderzucker mit Limettensaft zu einem dickflüssigen Guss verrühren und die Cantuccini zur Hälfte damit bestreichen. Für den Limettenzucker 2 EL Zucker mit Limettenabrieb mischen, die Cantuccini damit garnieren und servieren.

>TIPP Die knusprigen Cantuccini halten luftdicht verwahrt mehrere Wochen und passen perfekt zu Kaffee, heißer Schokolade und Tee.

mein ZauberTopf

News

Wer **mein ZauberTopf** kennt, weiß, dass kein Tag vergeht, an dem es nicht etwas Spannendes zu berichten gibt. Erfahrt hier alles Wichtige!

Scan mich

ZAUBERHAFTE TOP 20

Über die Jahre haben sich bei uns viele feine Likörideen angesammelt, die im Thermomix® leicht selbst gemacht sind und sich als wirklich fabelhafte Geschenke erwiesen haben. Darunter finden sich cremige Kreationen wie L ebkuchenlikör, Gebrannte-Mandeln-Likör oder Stollenlikör, aber auch Fruchtiges wie Bratapfel-, Glühwein- und „Mon Chéri"-Likör. Unsere Top 20 bekommt ihr in der passenden Kollektion im Club oder als **kleines Geschenk im Gratis-Download unter www.zaubertopf.de/likoere**

JETZT GANZ NEU!

DER PASSGENAUE FRISCHHALTEDECKEL „WUNDERCOVER" FÜR DEN MIXTOPF. 22,95 EURO. WWW.ZAUBERTOPF-SHOP.DE

Gebrannte-Mandeln-Konfekt

Vanillekipferl-Aufstrich

Instagram: @zaubertopf.de

SIND ALLE REQUISITEN DA?

Während mehrere Zaubertöpfe gleichzeitig Weihnachtsleckereien rühren, köcheln und kneten, warten die schönen Küchenhelfer auf ihren Einsatz. Das Team am Fotoset legt immer schon alles bereit, ehe es losgeht. Rezeptideen, was ihr mit den hübschen Accessoires zubereiten könnt, gibt's ab Seite 132. Die tollen Dessertgläser, Back- und Auflaufformen findet ihr unter www.zaubertopf-shop.de

Post von ZauberTopf

Wusstet ihr, dass wir einen kostenlosen Newsletter versenden? Meldet euch gleich an, um keines der besonderen Angebote, Extra-Tipps und Rezepte für euren Thermomix® zu verpassen!
www.zaubertopf.de/news

„Mega, nichts bleibt mehr in der Form hängen!"

So hilfreich: Tolle Tipps, Empfehlungen, und Ideen von anderen Fans lesen!

4 Fragen an Alisa

Club-Redakteurin

Alisa, du gestaltest die Inhalte der **ZauberTopf**-App jeden Tag mit. Immer mehr Fans kommen dazu, was löst die Begeisterung aus?

Was macht die App so einzigartig?
Bei **ZauberTopf** kommen wirklich jede Woche neue Rezepte dazu und die gesamte Redaktion nimmt sich viel Zeit, um jeden Tag frische Empfehlungen zu geben, die zur Saison passen. Wir weisen auch auf angesagte Trends hin, die wir ausprobiert haben und von denen wir denken: Jede*r mit einem Thermomix® sollte das mal ausprobieren! Ich finde es unglaublich spannend und inspirierend, was sich in der Community tut und in der App teilen wir unsere ausgewählten Highlights.

Was gibt es außer Rezepten noch?
Schaut euch zum Beispiel direkt auf dem Handy Hunderte unterhaltsame Folgen aus der **ZauberTopf**-Küche an. Unsere Kollegin Désirée backt und kocht die beliebtesten Rezepte vor der Kamera und zeigt dann direkt, wie sie im Thermomix® perfekt gelingen. Außerdem verrät sie auch jede Woche neue Tipps und Tricks für den Thermomix®.

Findet man in der App auch die Magazine?
Aber klar! Und sogar mehr als das! Man kann direkt in der App durch Hunderte Magazine und auch unsere vielen Koch- und Backbücher stöbern, um sich inspirieren zu lassen. Gemütlich auf dem Sofa oder unterwegs – in der App sind wirklich alle **ZauberTopf**-Magazine immer mit dabei! Rezepte, die einem gefallen, kann man direkt markieren, es in der App finden und equem als Favoriten abspeichern. So geht keine gute Idee verloren.

Kann ich sehen, was andere gekocht haben?
In der App könnt ihr jedes Rezept kommentieren, Sterne vergeben, der Redaktion direkt Fragen stellen und die Bewertungen oder auch die vielen gute Ideen anderer Fans lesen. So teilen wir alle unsere Erfahrungen mit dem Thermomix® miteinander. Ich finde, das Kochen und Backen macht so immer gleich noch mehr Spaß, wenn ich weiß, dass schon andere begeistert waren.

Die **ZauberTopf**-App jetzt downloaden und 30 Tage gratis testen!

Download on the App Store | GET IT ON Google Play

Fotos: Anna Gieseler (1); Ira Leoni (1); Archiv (6) Illustrationen: iStock / Getty Images Plus / primiaou (1)

WAFFEL-Twist

Der Klassiker mit neuen Noten für himmlischen Genuss ganz einfach direkt aus dem Waffeleisen!

Rezepte: Gerald Zwickler

EASY

Skyr-Hafer-Waffeln
Rezept auf Seite 74

Hefewaffeln mit Mohn
Rezept auf Seite 74

Schokowaffeln mit Haselnuss
Rezept auf Seite 74

Soooo LECKER

Schwarzwälder-Kirsch-Waffeltorte

00 | 30 std : min

LOW CARB LOW FAT

PRO STÜCK: 632 KCAL | 7 G E | 39 G F | 59 G KH

ZZGL. 15 MIN. RUHEZEIT

ZUTATEN FÜR 5 STÜCKE

- **30 g Zartbitterschokolade**
- **75 g weiche Butter, in Stücken**
- **75 g Puderzucker z.B. von SweetFamily**
- **1 Ei**
- **½ TL gemahlener Zimt**
- **1 Prise Salz**
- **70 g Milch**
- **90 g Weizenmehl Type 405**
- **1 TL Speisestärke**
- **2 TL Kakaopulver**
- **1 TL Backpulver**
- **1 TL Rapsöl**
- **300 g Sahne**
- **1 TL selbst gemachter Vanillezucker**
- **250 g Kirschkonfitüre**
- **Sauerkirschen zum Garnieren**

AUSSERDEM

- **Herz-Waffeleisen**
- **Spritzbeutel mit Sterntülle**

1 | Die Schokolade im 10 Sek. | Stufe 8 zerkleinern und umfüllen. Butter, Puderzucker, Ei, Zimt sowie Salz in den geben und **1 Min.** | **Stufe 4** schaumig schlagen. Die Hälfte der Schokolade mit Milch, Mehl, Stärke, Kakao- und Backpulver zufügen, **30 Sek.** | **Stufe 4** vermengen. Den Teig im ca. 15 Min. quellen lassen.

2 | Das Waffeleisen vorheizen und mit etwas Öl bepinseln. Aus dem Teig nacheinander 3 Waffeln je 2–3 Min. ausbacken. Auf einem Kuchengitter abkühlen lassen. Den spülen.

3 | Den Rühraufsatz einsetzen. Sahne und Vanillezucker in den geben und ohne Zeiteinstellung **Stufe 3,5** unter Sichtkontakt steif schlagen. 3 EL Sahne zum Garnieren abnehmen.

4 | Eine Waffel auf eine Servierplatte geben und mit der Hälfte der Sahne und Konfitüre bestreichen. Die zweite Waffel auflegen und nach gleichem Schema fortfahren. Die letzte Waffel auflegen. Die 3 EL Sahne zum Garnieren in einen Spritzbeutel füllen und in 5 Tupfen auf jedes Herz geben. Mit je 1 Sauerkirsche garnieren und mit übrigen Schokoraspeln bestreut servieren.

>TIPP Diese Idee begeistert uns, weil es die schnellste Schwarzwälder Kirschtorte aller Zeiten ist. Die Handgriffe sind alle blitzschnell erledigt, die Waffeln und die Kirschsoße könnt ihr schon weit vor der Kaffeezeit zubereiten. Schlagt die Sahne frisch auf, wenn die Gäste da sind, und schichtet dann nur noch auf.

ALL IN

Waffelteig ist prädestiniert für diese schnelle unkomplizierte Art der Zubereitung. Bei All-in-Teigen gebt ihr nach und nach die Zutaten in den , das Mixmesser rührt dann rasant einen herrlich soften und homogenen Teig. Prüft, ob die Zutaten nach dem ersten Mixvorgang noch einmal mit dem zum Messer geschoben werden müssen, dann anschließend den Mixvorgang mit kurzen Intervallen wiederholen.

Unwiderstehlich SAHNIG

Foto: SweetFamily (1)

Skyr-Hafer-Waffeln

00 20 std : min

PRO STÜCK: 220 KCAL | 8 G E | 10 G F | 21 G KH

ZZGL. 20 MIN. RUHEZEIT

ZUTATEN FÜR 4 STÜCK

- ★ 40 g Bio-Zucker z. B. von SweetFamily
- ★ 30 g weiche Butter
- ★ 1 Prise Salz
- ★ 2 Eier
- ★ 125 g Skyr
- ★ 50 g zarte Haferflocken
- ★ 1 TL Sonnenblumenöl zum Fetten
- ★ 1 EL Puderzucker z. B. von SweetFamily zum Garnieren

AUSSERDEM
- ★ Herz-Waffeleisen

1 Zucker, Butter sowie Salz in den geben und **2 Min. | Stufe 4** cremig rühren. Eier zufügen und **2 Min. | Stufe 4** aufschlagen. Skyr mit Haferflocken zugeben und **10 Sek. | Stufe 3** vermengen. Danach den Teig im ca. 20 Min. quellen lassen.

2 Das Waffeleisen auf mittlerer Stufe vorheizen und fetten. Pro Waffel etwa 2 EL Teig hineingeben und die Waffeln nacheinander 3–4 Min. goldbraun ausbacken. Die Waffeln vorsichtig herauslösen und lauwarm mit etwas Puderzucker bestäubt servieren.

>TIPP Ihr könnt die Waffeln ganz nach eurem Geschmack zusätzlich mit Skyr und z. B. Apfelgelee oder Konfitüre servieren.

Hefewaffeln mit Mohn

00 50 std : min

PRO STÜCK: 101 KCAL | 2 G E | 4 G F | 14 G KH

ZZGL. 20 MIN. RUHEZEIT

ZUTATEN FÜR 24 STÜCK

- ★ 250 g Haferdrink
- ★ ½ TL gemahlener Zimt
- ★ 50 g gemahlener Mohn
- ★ 60 g weiche Butter, in Stücken
- ★ 10 g frische Hefe
- ★ 140 g Puderzucker z. B. von SweetFamily zzgl. etwas mehr zum Garnieren
- ★ 220 g Weizenmehl Type 405
- ★ 2 Eier
- ★ 2 TL Sonnenblumenöl zum Fetten
- ★ Himbeeren zum Garnieren

AUSSERDEM
- ★ Waffeleisen

1 200 g Haferdrink mit Zimt in den geben und **5 Min. | 100 °C | Stufe 2** aufkochen. Mohn zufügen und **10 Min. | 90 °C | Stufe 2** köcheln lassen. Butter zugeben, **1 Min. | Stufe 2** unterrühren und schmelzen lassen. Die Mohnmasse umfüllen.

2 50 g Haferdrink, Hefe und 20 g Puderzucker in den geben und **1 Min. | Stufe 2** erwärmen. Übrigen Puderzucker, Mehl, Eier sowie Mohnmasse zufügen und **1 Min. |** zu einem glatten Teig kneten. Den Teig in eine Schüssel umfüllen, mit einem Tuch abdecken und an einem warmen Ort ca. 20 Min. gehen lassen.

3 Ein Waffeleisen auf mittlerer Stufe vorheizen und portionsweise mit etwas Öl einfetten. Pro Waffel ca. 1 EL Teig hineingeben, ca. 2 Min. goldbraun ausbacken. Die Waffeln mit einigen Himbeeren garnieren und mit etwas Puderzucker bestäuben. Noch warm servieren.

>TIPP Wenn ihr in eurem Vorrat ganze Mohnsaat habt, könnt ihr diese vor der Zubereitung zunächst im **20 Sek. | Stufe 10** mahlen.

Schokowaffeln mit Haselnuss

00 25 std : min

PRO STÜCK: 370 KCAL | 7 G E | 21 G F | 34 G KH

ZZGL. 10 MIN. RUHEZEIT

ZUTATEN FÜR 5 STÜCK

- ★ 100 g Haferdrink
- ★ 70 g Puderzucker z. B. von SweetFamily zzgl. 2 EL zum Bestäuben
- ★ 60 g Banane, in Stücken
- ★ 60 g Rapsöl zzgl. etwas mehr zum Fetten
- ★ 1 Ei
- ★ 90 g Dinkelmehl Type 630
- ★ 50 g gemahlene Haselnüsse
- ★ 25 g Schokoraspel
- ★ ½ EL Kakaopulver
- ★ ½ TL Backpulver
- ★ ¼ TL gemahlener Zimt

AUSSERDEM
- ★ Belgisches Waffeleisen

1 Haferdrink, Puderzucker, Banane, Rapsöl sowie Ei in den geben und **20 Sek. | Stufe 6** pürieren. Die übrigen Zutaten zufügen und den Teig **20 Sek. | Stufe 4** vermengen. Teig im etwa 10 Min. quellen lassen.

2 Ein Waffeleisen auf mittlerer Stufe vorheizen und mit etwas Öl einfetten. Pro Waffel ca. 2 EL Teig hineingeben und die Waffeln nacheinander 4–5 Min. ausbacken. Waffeln mit Puderzucker bestäuben und servieren.

>TIPP Der Haferdrink verleiht den Waffeln einen vollmundigen und gleichzeitig nussigen Geschmack. Anstatt Haferdrink könnt ihr außerdem Nuss- oder Mandeldrink und natürlich auch Vollmilch verwenden.

Fotos: SweetFamily (1); Severin (1)

RATGEBER

HEISSE TIPPS

Damit die Waffelzeit zum Erfolg wird

NATÜRLICH BIO

Verzieren, verfeinern und den Liebsten eine Freude machen. Mit Bio-Puderzucker von SweetFamily rührt ihr cremigen Teig für Waffeln und krönt Gebäck vom Stollen bis zum Vanillekipferl mit strahlend weißem Zuckerschnee oder glänzendem Guss. 250 g ca. 1 Euro, www.sweet-family.de

WAFFELEISEN FETTEN – JA ODER NEIN?

Unbedingt. Bei älteren Modellen am besten vor jeder Waffel das Eisen einmal dünn einfetten. Dafür eignen sich Butter, Butterschmalz, Margarine oder Pflanzenöl, die ihr mit einem Pinsel oder Küchenpapier dünn auftragt. Neuere Modelle sind antihaftbeschichtet, daher genügt einmaliges Einfetten zu Beginn des Backvorgangs. So bleibt garantiert nichts kleben und ihr könnt frische warme und knusprige Waffeln genießen.

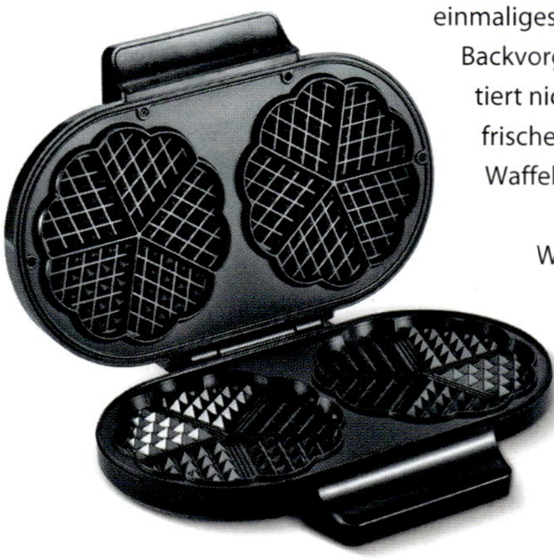

Wir sind übrigens begeistert von diesem Duo-Eisen, bei dem der Waffelteig doppelt so schnell verarbeitet ist. Ca. 50 Euro, www.severin.com

CRISPY ODER SOFT?

Ob eure Waffeln superdick gelingen wie belgische oder eher dünn und zart wie die klassischen Herzchen, hängt sowohl vom jeweiligen Eisen als auch vom Teig ab. Ist dieser eher zähflüssig wie bei den Hefewaffeln mit Mohn von Seite 74, verläuft er nicht so schnell im Eisen und die Waffel wird voluminös und außen knusprig. Flüssigerer Teig wie bei der Waffeltorte auf Seite 72 backt zartere Ergebnisse.

DIE 4 BESTEN Soßen

Waffeln, Strudel oder Crumble – und dazu eine köstliche Soße. Unsere Top 4 mit Schoko, Vanille und Früchten sind die perfekten Begleiter

Rezepte: Vera Schubert

Fotos: StockFood.com/ ZS Verlag / Wolfgang Schardt (1) | Illustration: Archiv (1)

ALLE REZEPTE
findet ihr auf Seite 78

Aprikosensoße

00 15 std : min

PRO PORTION (100 G): 63 KCAL | 0 G E | 0 G F | 15 G KH

ZUTATEN FÜR 650 G

- ★ 200 g Wasser
- ★ 30 g Gelierzucker 1:1
- ★ 410 g Aprikosen (Dose), abgetropft und in Spalten
- ★ 1 EL Zitronensaft
- ★ 2 Zimtstangen
- ★ Mark von ½ Vanilleschote

Wasser mit Zucker in den geben und **7 Min. | 100°C | Stufe 2** aufkochen. Die übrigen Zutaten zugeben und **7 Min. | 95°C | | ** garen. Das Kompott nach Belieben warm oder kalt servieren.

>HALTBARKEIT Das Fruchtsoße im Kühlschrank aufbewahren und innerhalb von 2–3 Tagen verbrauchen.

>TIPP Die Aprikosensoße könnt ihr als Topping für Desserts verwenden oder als Tortenfüllung – in diesem Fall gebt zu Beginn zusätzlich noch 70 g Gelierzucker und 1 EL Stärke in den , so wird das Kompott fester.

Beerensoße

00 15 std : min

PRO PORTION (100 G): 84 KCAL | 1 G E | 0 G F | 20 G KH

ZUTATEN FÜR 500 G

- ★ 300 g rote Beerenmischung (TK), aufgetaut
- ★ 150 g roter Traubensaft
- ★ 15 g Stärke
- ★ 20 g Zucker
- ★ 1 EL selbst gemachter Vanillezucker (siehe Basisrezept rechts)

Die Hälfte der Beeren mit den übrigen Zutaten in den geben und **10 Sek. | Stufe 5** zerkleinern. Dann **8 Min. | 100°C | | Stufe 3** aufkochen. Die übrigen Beeren zugeben und **15 Sek. | | Stufe 2** untermengen. Grütze nach Belieben warm oder kalt servieren.

>HALTBARKEIT Die Beerensoße im Kühlschrank aufbewahren und innerhalb von 2–3 Tagen verbrauchen.

>TIPP Die Beerensoße krönt auch Eis, Quarkspeisen oder Cheesecake. Ihr könnt bei Bedarf auch die doppelte Menge zubereiten, verlängert die Kochzeit in Schritt 1 dann auf 12 Minuten.

Schokoladensoße

00 10 std : min

PRO PORTION (100 G): 363 KCAL | 4 G E | 26 G F | 30 G KH

ZUTATEN FÜR 500 G

- ★ 60 g brauner Zucker
- ★ 20 g selbst gemachter Vanillezucker (siehe Basisrezept rechts)
- ★ 1 EL Kakaopulver
- ★ 100 g Zartbitterschokolade, in Stücken
- ★ 300 g Milch (oder Sahne)

1 | Zucker, Vanillezucker sowie Kakao in den geben und **10 Sek. | Stufe 10** pulverisieren. Schokolade zufügen und **8 Sek. | Stufe 8** zerkleinern. Mit dem nach unten schieben.

2 | Milch zugeben und die Zutaten **8 Min. | 80°C | Stufe 2,5** schmelzen lassen. Die Schokosoße nach Belieben warm oder kalt servieren.

>HALTBARKEIT Die Schokoladensoße im Kühlschrank aufbewahren und innerhalb von 3–4 Tagen verbrauchen.

Vanillesoße

00 15 std : min

PRO PORTION (100 G): 156 KCAL | 5 G E | 8 G F | 15 G KH

ZUTATEN FÜR 500 G

- ★ Mark von 1 Vanilleschote
- ★ 350 g Milch
- ★ 4 Eigelb
- ★ 60 g Zucker

Den Rühraufsatz einsetzen. Die Zutaten in den geben und **9 Min. | 80°C | Stufe 2** aufschlagen. Den Rühraufsatz entnehmen. Die Vanillesoße nach Belieben kalt oder warm servieren.

>HALTBARKEIT Die Vanillesoße im Kühlschrank aufbewahren und innerhalb von 1–2 Tagen verbrauchen.

>TIPP Der Klassiker unter den süßen Soßen passt natürlich nicht nur zu Waffeln, sondern auch zu Pfannkuchen, Apfelstrudel-Kuchen (siehe Seite 14) oder Apfel-Pflaumen-Crumble (siehe Seite 91).

RATGEBER

AROMATISCH

Unsere liebsten Weihnachtsaromen
und wie ihr sie im Thermomix® verarbeitet

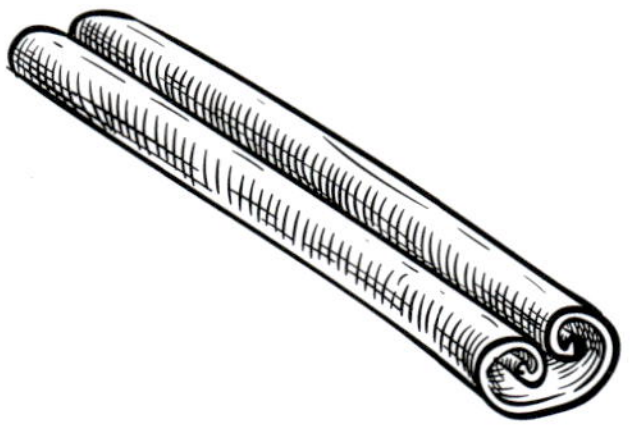

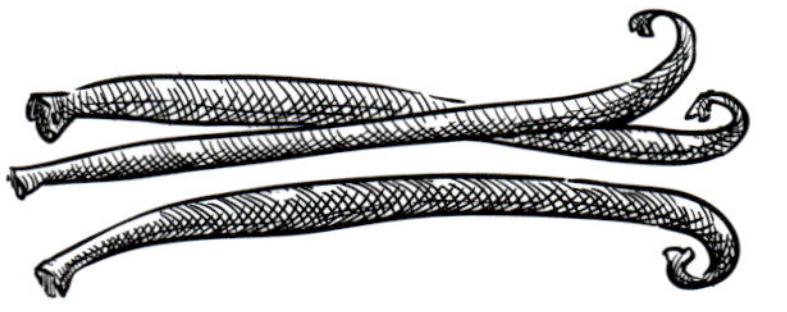

ZIMT AM STÜCK

Er ist ein echtes Dessertgewürz – auch außerhalb der Weihnachtszeit. Sein Duft und das zart-würzige Aroma verfeinern Gebäcke, Desserts ebenso wie orientalische Gerichte und Dips. Beim Zimt unterscheidet man zwischen Ceylon-Zimt, auch Kaneel genannt, und dem chinesischen bzw. Cassia-Zimt. Ceylon-Zimt ist qualitativ höherwertiger als Cassia, teurer und deshalb im Handel weniger verbreitet. Viele Hersteller geben an, welchen Zimt sie verwenden, sodass ihr nur auf die Inhaltsstoffe zu schauen braucht.

Anstelle des fertigen Pulvers könnt ihr ganze Zimtstangen kaufen. Diese findet ihr im Gewürzregal. Ihr Vorteil: Sie behalten ihr Aroma länger als das Pulver und im Thermomix® könnt ihr daraus selbst Pulver herstellen, wenn ihr es braucht. Die Stangen eignen sich auch als Zutat in Glühwein, Gulasch und Bratensoßen. Nach dem Kochen einfach aus dem Getränk bzw. der Speise entnehmen.

PULVERISIEREN

Der Thermomix® schafft im Turbo bei 10.700 Umdrehungen, Zucker sowie Gewürze fein zu pulverisieren. Unser Tipp: Setzt dabei den Garkorb ein, er sorgt dafür, dass die wertvollen Gewürze nicht hochgeschleudert werden und sich überall im Topf verteilen. Ein praktisches Zubehör ist auch der Miximizer®, der genau diesen Zweck erfüllt. Ihr findet den Miximizer® für 18,95 Euro unter www.zaubertopf-shop.de.

ECHTE VANILLE

Wir kaufen für das Kochen und Backen mit dem Thermomix® ganze Vanilleschoten, da sie sich vielseitig verarbeiten lassen. Fertigprodukte wie Vanillinzucker oder andere, die nur künstliches Aroma enthalten, sind daher passé.

Eine hochwertige Schote ist nicht ganz günstig, denn Vanille wird nur an wenigen tropischen Orten aus der Frucht einer Orchideenart gewonnen und in einem langwierigen Fermentierungsprozess zu der Schote, wie wir sie kennen. Eine hochwertige Vanillestange ist glänzend und hat ein lederähnliches elastisches Äußeres. In der Schote und nicht im Mark steckt übrigens das meiste Aroma, deshalb könnt ihr die ausgeschabte Hülle luftdicht aufbewahren und zum Aromatisieren von Speisen wie Milchreis oder Pudding verwenden – und das bis zu viermal! Wascht sie dafür nach dem Kochen ab und lasst sie vor dem Einlagern gut trocknen.

SOSSEN UND TEIGE LÄNGER FRISCH HALTEN

Um eine Kaffeezeit vorzubereiten, könnt ihr Waffelteige und Soßen gut vorbereiten. Soßen bis zu 2 Tage vorher, den Teig 1 Tag im Voraus. Stellt Teige und Soßen bis zur Verwendung kalt. Wir nehmen gern die luftdicht verschließbaren und stapelbaren Aufbewahrungsdosen mit Sichtfenster. Die kleinste mit 450 ml genügt für die Soße, die größte fasst knapp 3 Liter Teig. Perfekt auch für den Weihnachtsbasar! www.zaubertopf-shop.de

SOSSEN ALS GESCHENK

Die Soßen könnt ihr fest verschlossen ein paar Tage im Kühlschrank aufbewahren oder in dieser Zeit verschenken. Füllt sie dafür nach dem Kochen direkt in sterilisierte Einmachgläser und verschließt diese sofort. Mit einem Geschenkanhänger versehen machen sie sich toll als Mitbringsel für die Kaffeezeit bei Freunden.

Basis REZEPT

Vanillezucker

Eine der wichtigsten Zutaten beim Backen: Vanillezucker. Wenn ihr für euer Rezept nur das Mark der Vanilleschote benötigt, werft die Schote anschließend nicht weg. Gebt sie mit 200 g Zucker in den und pulverisiert die Zutaten **15 Sek. | Stufe 10** zu Vanillezucker. In ein trockenes Schraubglas füllen und nach Bedarf verwenden.

Fotos: Archiv (3), gettyimages.de / iStock / Getty Images Plus / Mariha-kitchen (1) | Illustration: Archiv (1), gettyimages.de / iStock / Getty Images Plus / Volodymyr Kryshtal (1)

SÜSSER Familienwinter

Die Vorweihnachtszeit ist vor allem für Kinder aufregend. Mit diesen Ideen für die Weihnachtsbäckerei verkürzt ihr das Warten

Mandeltaler mit Schokoriegeln
Rezept auf Seite 84

Dieses Jahr freue ich mich darauf, mit unserem Kleinen die Vorweihnachtszeit so richtig zu zelebrieren. Für ein Picknick im Schnee werde ich auf jeden Fall die Linzer Schnitten und heiße Schokolade zubereiten.

Linzer Schnitten mit Johannisbeergelee

00 45 std : min

PRO STÜCK: 229 KCAL | 3 G E | 14 G F | 23 G KH

ZZGL. 30 MIN. RUHEZEIT

ZUTATEN FÜR 24 STÜCKE

- **200 g Haselnüsse**
- **250 g Weizenmehl Type 405 zzgl. etwas mehr zum Bearbeiten**
- **250 g kalte Butter, in Stücken**
- **150 g Zucker**
- **½ TL Backpulver**
- **1 Ei**
- **1 Prise gemahlene Gewürznelken**
- **1 Prise gemahlener Zimt**
- **1 Prise Salz**
- **1 TL selbst gemachter Vanillezucker**
- **½ TL Orangenabrieb**
- **300 g Johannisbeergelee**
- **50 g Puderzucker zum Bestreuen**

AUSSERDEM

- **Backrahmen oder Backform (ca. 25×30 cm)**
- **sternförmige Ausstecher**

1 | Für den Teig Haselnüsse in den [Mixtopf] geben und **12 Sek. | Stufe 7** mahlen. Mit den restlichen Zutaten, außer Johannisbeergelee und Puderzucker, **30 Sek. | Stufe 4** zu einem glatten Teig verkneten. Teig zu einem Riegel formen, in Frischhaltefolie wickeln und 30 Min. kalt stellen.

2 | Den Backofen auf 180 °C Ober-/Unterhitze vorheizen. Ein Backblech mit Backpapier auslegen. Ein Viertel vom Teig abnehmen und beiseitestellen. Den restlichen Teig auf einer leicht bemehlten Arbeitsfläche rechteckig ausrollen, auf das Backblech geben und mit dem Backrahmen in Form bringen. Das Gelee gleichmäßig auf dem Teig verstreichen.

3 | Restlichen Teig ebenfalls ausrollen. Unterschiedlich große Sterne ausstechen und diese auf dem Gelee verteilen. Im heißen Ofen ca. 25 Min. backen. Herausnehmen und auskühlen lassen. Den Backrahmen lösen, die Linzer Schnitten in Stücke schneiden und mit Puderzucker garniert servieren.

Fotos: StockFood.com / ZS Verlag / Julia Hoersch (2); Archiv (1) | Illustrationen: gettyimages.de / iStock / Getty Images Plus / T. A. McKay (1)

Winterkaffee

00 15 std : min

PRO PORTION: 119 KCAL | 5 G E | 5 G F | 15 G KH

ZUTATEN FÜR 4 GLÄSER À 300 ML

- 400 g Milch
- 40 g Ahornsirup
- 1 TL gemahlener Zimt zzgl. etwas mehr zum Garnieren
- 1 Msp. gemahlene Gewürznelken
- 4 TL Kakaopulver
- 600 g Kaffee frisch aufgebrüht

1 Den Rühraufsatz einsetzen. Milch in den geben und **5 Min.** | **80 °C** | **Stufe 2** erhitzen.

2 Ahornsirup, Zimt, Nelken sowie Kakao zufügen und **1 Min.** | **Stufe 4** aufschäumen. Den Rühraufsatz entnehmen.

3 Den Kaffee auf 4 Tassen verteilen, die Gewürz-Milch darübergeben und mit etwas Zimt garniert servieren.

>TIPP Bleibt noch etwas vom Winterkaffee über, stellt ihn über Nacht im Kühlschrank kalt und genießt ihn am nächsten Tag mit Eiswürfeln. So wird der Sommertrend zum Adventsgenuss.

Alkoholfreier Glögg

00 30 std : min

PRO PORTION: 209 KCAL | 6 G E | 7 G F | 28 G KH

ZUTATEN FÜR 4 GLÄSER À 300 ML

- 750 g Johannisbeernektar
- 250 g Wasser
- 2 Zimtstangen
- 6 Gewürznelken
- Abrieb von 1 unbehandelten Orange
- 50 g Mandelstifte
- 80 g Rosinen

Johannisbeernektar, Wasser, Gewürze sowie Orangenabrieb in den geben und **15 Min.** | **90 °C** | | **Stufe 2** erwärmen. Mandeln mit Rosinen zufügen und weitere **10 Min.** | **80 °C** | | **Stufe 2** ziehen lassen. Durch ein feines Sieb in hitzebeständige Gläser füllen und servieren.

>TIPP Wer den Glögg mit Alkohol ansetzen möchte, gibt anstelle des Johannisbeernektars die gleiche Menge Rotwein dazu sowie nach Belieben bis zu 8 cl Rum.

Orangenpunsch

00 30 std : min

PRO PORTION: 118 KCAL | 1 G E | 0 G F | 26 G KH

ZUTATEN FÜR 4 GLÄSER À 250 ML

- 2 cm Ingwer, in Scheiben
- 500 g naturtrüber Apfelsaft
- Saft von 4 Orangen
- Abrieb von 1 unbehandelten Orange
- Abrieb von 1 unbehandelten Zitrone
- 2 Zimtstangen
- 1 Sternanis
- 6 Gewürznelken
- 2 EL Honig

Alle Zutaten in den geben und **15 Min.** | **90 °C** | | **Stufe 2** erwärmen. Weitere **10 Min.** | **80 °C** | | **Stufe 2** ziehen lassen. Durch ein feines Sieb in hitzebeständige Gläser füllen und servieren.

>TIPP Um mit dem Thermomix® die vielen Zitrusfrüchte, die jetzt Saison haben, frisch auszupressen, könnt ihr auch den WunderJuicer® verwenden. Der Aufsatz kann mit den Modellen TM6 und TM5® kombiniert werden. Ihr findet das beliebte Zubehör unter www.zaubertopf-shop.de für 39,95 Euro.

mein ZauberTopf

Liebe Leserin, lieber Leser,

dieses Weihnachts-Spezial ist für mich jedes Jahr ein Highlight.
Über Wochen hinweg ist dann Backstubenstimmung in unserem Kochstudio und alle Thermomix® Generationen von TM31 bis TM6 laufen auf Hochtouren.
Während Weihnachtsmusik spielt, genießen alle die einzigartige Atmosphäre.

Die Vorweihnachtszeit hat etwas Magisches.
Ich glaube, es entsteht durch unser aller Vorfreude darauf, liebgewonnene Traditionen zu zelebrieren, ausgewählte Leckereien zu backen und natürlich anderen eine Freude zu bereiten.

Das möchten wir auch mit diesem Spezial zur Weihnachtszeit – dir eine Freude machen!

Deine Vivien
& alle anderen Weihnachtswichtel
von mein ZauberTopf

Ich verschenke neben Plätzchen und Co. auch gern Bücher. Ich empfehle:

Unsere 8 wunderschönen Bände zum Stöbern, Kochen, Backen und Genießen. Immer dabei: Viele tolle Tipps für entspanntes Kochen mit dem Thermomix®!

ISBN: 978-3-96417-118-4
ISBN: 978-3-96417-117-7
ISBN: 978-3-96417-141-2
ISBN: 978-3-96417-188-7

ISBN: 978-3-96417-119-1
ISBN: 978-3-96417-140-5
ISBN: 978-3-96417-173-3
ISBN: 978-3-96417-187-0

Jetzt bestellen unter: www.zaubertopf-shop.de

amazon.de

AUCH ÜBERALL IM BUCHHANDEL:

bücher.de

Thalia

OSIANDER.de

Hugendubel

Mayersche.de

Marzipan-Schneemänner

00 25 std : min

PRO STÜCK: 347 KCAL | 9 G E | 19 G F | 39 G KH

ZUTATEN FÜR 8 STÜCK

- **250 g Zucker**
- **280 g blanchierte Mandeln**
- **20 g Rosenwasser**
- **rote Lebensmittelfarbe**
- **Fruchtgummi-Schnüre zum Garnieren**
- **kleine Zuckerperlen zum Garnieren**

1 | Den Zucker im ◻ **1 Min. | Stufe 10** pulverisieren. Mandeln zugeben und für **20 Sek. | Stufe 7** mahlen. Das Rosenwasser zufügen und **3 Min. |** ⚘ zu einer homogenen Masse vermengen.

2 | Aus drei Vierteln des Marzipans unterschiedlich große Kugeln formen, um daraus 4 Schneemänner zusammenzusetzen. Die Arme aus dünnen Röllchen formen und vorsichtig an der jeweils mittleren Kugel fixieren.

3 | Das übrige Marzipan mit der Lebensmittelfarbe in den ◻ geben und **10 Sek. | Stufe 4** rot einfärben, mit den Händen ggf. nachkneten, bis die Farbe gleichmäßig verteilt ist. In Stücke teilen und daraus Mützen, Nasen und Schals formen. Nach Belieben mit Fruchtgummischnüren und Zuckerperlen verzieren.

>TIPP Das Formen unterschiedlicher Figuren könnt ihr auch den Kids überlassen!

Heiße Schokolade mit Sahne

00 15 std : min

PRO PORTION: 587 KCAL | 13 G E | 41 G F | 44 G KH

ZUTATEN FÜR 4 GLÄSER À 300 ML

- **200 g Sahne**
- **200 g Zartbitterschokolade, in Stücken**
- **800 g Milch**
- **2 TL Kakaopulver**
- **1 Prise Salz**
- **1 EL selbst gemachter Vanillezucker**
- **30 g Schokosplitter zum Garnieren**

1 | Rühraufsatz einsetzen. Sahne in den ◻ einwiegen, ohne Zeiteinstellung **Stufe 3,5** unter Sichtkontakt steif schlagen. Den Rühraufsatz entnehmen. Sahne umfüllen. Den ◻ spülen.

2 | Schokolade in den ◻ geben, **5 Sek. | Stufe 7** zerkleinern und mit dem Spatel nach unten schieben. Milch, Kakao, Salz sowie Vanillezucker zufügen und **8 Min. | 80 °C | Stufe 2** verrühren. Anschließend **1 Min. | Stufe 8** schaumig rühren. In Tassen umfüllen, mit Sahne und Schokosplittern garnieren und heiß servieren.

>TIPP Hier kann nichts anbrennen! Die Milch wird im ◻ präzise auf maximal 80 °C erwärmt.

Fotos: StockFood.com / ZS Verlag / Julia Hoersch (2)

Zum Verschenken machen sich die bunten Sorten gut in Schraubgläsern

Mandeltaler mit Schokoriegeln

00:40 std : min

PRO STÜCK: 127 KCAL | 2 G E | 7 G F | 14 G KH

ZZGL. 1 STD. RUHEZEIT

ZUTATEN FÜR 60 STÜCK

- 250 g Mandeln
- 370 g Weizenmehl Type 405
- 250 g Butter, in Stücken
- 250 g Zucker
- 1 EL selbst gemachter Vanillezucker
- 130 g Stärke
- 2 Eier
- 2–3 Tropfen Bittermandelaroma
- 50 g Mandelblättchen
- 150 g Zartbitterschokolade, in Stücken
- 6 Schokoriegel (z. B. „Snickers", „Mars" und „Bounty"), in dünnen Scheiben

1 | Die Mandeln im Mixtopf **4 Sek. | Stufe 7** zerkleinern. Mehl, Butter, Zucker, Vanillezucker, Stärke, Eier sowie Bittermandelaroma zugeben und **20 Sek. | Stufe 4** vermengen. Den Teig zu 3 Rollen (Ø 5 cm) formen. Danach in Frischhaltefolie wickeln und 1 Std. im Kühlschrank ruhen lassen.

2 | Den Backofen auf 160 °C Umluft vorheizen. Zwei Backbleche mit Backpapier auslegen. Die Teigrollen in den Mandelblättchen wälzen und in ca. 5 mm dicke Scheiben schneiden. Auf die Bleche legen und im heißen Ofen 10–12 Min. backen. Herausnehmen und abkühlen lassen. Den Mixtopf spülen.

3 | Die Schokolade in den Mixtopf geben, **5 Sek. | Stufe 7** zerkleinern und mit dem Spatel nach unten schieben. Anschließend **3 Min. | 50 °C | Stufe 2** schmelzen. Die Schokolade mit einem Löffel über die Taler sprenkeln. Jeweils 2 Scheiben von den Schokoriegeln daraufsetzen und die Taler vollständig aushärten lassen.

TIPP Bittermandelaroma bringt einen feinen Geschmack von Marzipan ans Gebäck. Es genügen stets maximal 2–3 Tropfen für ein ganzes Plätzchenrezept oder einen Kuchen. Ihr könnt es auch an einen einfachen Waffelteig geben.

Bunte Plätzchen von der Rolle

00:30 std : min

PRO STÜCK: 66 KCAL | 1 G E | 4 G F | 8 G KH

ZZGL. 2 STD. RUHEZEIT

ZUTATEN FÜR 40 STÜCK

FÜR DEN TEIG JEWEILS
- 100 g Zucker
- 190 g Weizenmehl Type 405
- 2 EL Milch
- 125 g weiche Butter, in Stücken
- 1 Prise Salz
- 30 g Stärke

FÜR DIE SCHOKOLINSEN-KEKSE
- 50 g Mini-Schokolinsen (z.B. „Smarties")
- 30 g bunte Zuckerperlen

FÜR DIE CRANBERRY-KEKSE
- 70 g Pistazien
- 50 g Cranberrys

FÜR DIE SCHOKO-KEKSE
- 70 g Haselnüsse
- 40 g Kakaopulver

1 | **Für die Schokolinsen-Kekse** alle Zutaten für den Teig in den Mixtopf geben und **20 Sek. | Stufe 4** verkneten. Die Schokolinsen zugeben und weitere **15 Sek. | Linkslauf | Stufe 4** vermengen. Den Teig auf einer leicht bemehlten Arbeitsfläche zu 2 Rollen (Ø 4 cm) formen. Die Zuckerperlen auf die Arbeitsfläche geben und die Rollen darin wälzen. In Frischhaltefolie wickeln und ca. 2 Std. kalt stellen.

2 | **Für die Cranberry-Kekse** die Pistazien in den Mixtopf geben, **5 Sek. | Stufe 6** hacken und umfüllen. Cranberrys im Mixtopf **5 Sek. | Stufe 7** zerkleinern und mit dem Spatel nach unten schieben. Alle Zutaten für den Teig zugeben und **20 Sek. | Stufe 4** vermengen. Auf einer leicht bemehlten Arbeitsfläche zu 2 Rollen (Ø 4 cm) formen und diese in den Pistazien wälzen. In Frischhaltefolie wickeln und ca. 2 Std. kalt stellen.

3 | **Für die Schoko-Kekse** die Haselnüsse in den Mixtopf geben, **5 Sek. | Stufe 6** zerkleinern und umfüllen. Alle Zutaten für den Teig mit dem Kakaopulver in den Mixtopf geben und **20 Sek. | Stufe 4** vermengen. Den Teig auf einer leicht bemehlten Arbeitsfläche zu 2 Rollen (Ø 4 cm) formen und diese in den Haselnüssen wälzen. In Frischhaltefolie wickeln und ca. 2 Std. kalt stellen.

4 | Den Backofen auf 180 °C Ober-/Unterhitze vorheizen. Zwei Backbleche mit Backpapier auslegen. Die Rollen in ca. 1 cm dicke Scheiben schneiden und auf dem Backblech verteilen. Im heißen Ofen 13–15 Min. backen. Herausnehmen und abkühlen lassen.

> 1 SORTE ODER ALLE 3?

Unser Grundteig ist für eine Sorte der 3 Varianten gedacht. Ihr wollt alle 3 Sorten backen? Dann könnt ihr die Teigbasis bequem in dreifacher Menge zubereiten. Teilt den Teig dann in 3 Portionen und stellt diese zwischenzeitlich kalt. Vermengt für die Schokolinsen-Kekse das erste Teig-Drittel mit Schokolinsen im Mixtopf und verarbeitet den Teig mit Zuckerperlen zu Rollen. Vermengt dann das zweite Drittel Teig mit den zerkleinerten Cranberrys im Mixtopf und verarbeitet den Teig mit Pistazien zu Rollen. Zum Schluss verknetet das letzte Drittel Teig für die Schoko-Kekse mit dem Kakaopulver und wälzt die Teigrolle in den Haselnüssen.

WICHTIG
Nur Erwachsene dürfen den Thermomix® bedienen. Überlasst den Kids das Formen, Kneten, Rollen, Verzieren, Verpacken und Naschen.

EASY

Glanzvolle DEKO

mein ZauberTopf und Ferrero zeigen, wie ihr rundum stimmungsvolle Deko bastelt, die süße Leckerbissen festlich einrahmt

ADVENTSKRANZ MAL ANDERS

Warum das Tischgesteck nicht mal aufrecht dekorieren? Hier hauchen wir einem hölzernen Stickrahmen neues Leben ein. Mit etwas Schleifenband binden wir mehrere Eukalyptuszweige um eine Hälfte des Rahmens, dazu knoten wir zwei kleine Weihnachtsbaum-anhänger um das Holz. Zum Schluss den Rahmen aufrecht mit Holzleim auf eine Baumscheibe kleben und eine Schale mit Pralinen darauf platzieren.

Fotos Ferrero

SÜSSER ADVENTSKALENDER

Diesen hübschen Kranz könnt ihr nachbasteln! Ihr braucht einen großen Versandkarton, 6 unterschiedlich große Spanschachteln, festes weißes und buntes Tonpapier sowie Schleifenband. Schneidet aus dem Karton einen breiten Pappring aus, auf den ihr die Schachtelböden und Deckel klebt. Füllt die Zwischenräume mit kleinen Tonkartonringen, die ihr aus schmalen Streifen selbst formt. Fixiert sie zum Beispiel mit Heißkleber an den Schachteln. Nun Ziffern auf bunte Tonkartonkreise stempeln oder schreiben und auf die Geschenke kleben. In die kleinsten Ringe passen Leckereien wie „Ferrero Küsschen". Mehr Bastelideen unter www.kreativ-mit-ferrero.de

MEINE Geheimtipps

Chefredakteurin Vivien hält immer nach Schönem, Praktischem und Verblüffendem Ausschau. Was sie in diesem Advent begeistert, erfahrt ihr hier!

Vivien Chefredakteurin

Schon als Kind habe ich leidenschaftlich gern mit Mehl, Butter und Zucker gewirbelt, Teig genascht und Kuchen gegessen. Diese Begeisterung habe ich mir bewahrt. Heute probiere ich gern immer wieder neue Rezepte und Zubehöre aus und genieße es, die Leckerbissen mit Familie, Freunden oder Nachbarn zu teilen.

Sendet mir eure Tipps und Küchenerlebnisse an:
redaktion@zaubertopf.de

NICHT OHNE MEINE EISPORTIONIERER

Zu meinen wichtigsten Küchenhelfern gehören zwei unterschiedlich große Eisportionierer. Ich brauche sie ständig. Ich setze damit Cookies auf Backbleche oder portioniere mit ihnen Muffin- und Waffelteig in Förmchen oder Eisen. Auch beim Kochen kommen sie zum Einsatz, um gleich große Bratlinge oder Frikadellen zu formen. Der Vorteil: Alle Teilchen werden gleich schnell gar und sehen gleich gut aus. Am seltensten brauche ich meine Eisportionierer übrigens, um Eis zu portionieren.

DAS PERFEKTE FINISH

Ich liebe ganz simple Mürbeteigplätzchen, die manch anderem zu langweilig sind. Dabei erhalten sie bei mir seit zwei Jahren den Feinschliff, indem ich einmal mit dem Motiv-Nudelholz über den ausgerollten Teig fahre. Das Ergebnis: kleine Kunstwerke zum Vernaschen. Tolle Motivrollen für jeden Anlass findet ihr von Folkroll ab 19,95 Euro unter www.folkroll-shop.de

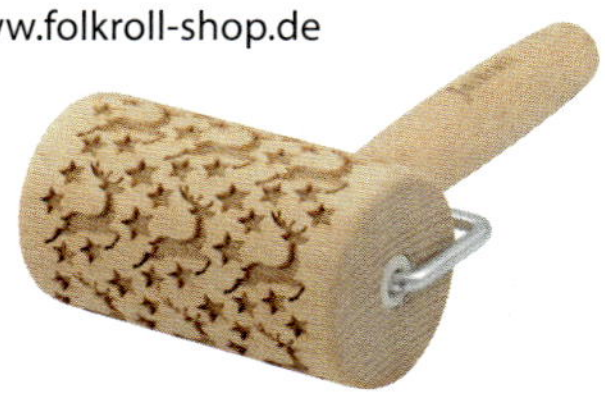

NEUE FORMEN

Ausstechförmchen kann man doch nie genug haben. Meine zwei Kisten beinhalten klassische Figuren wie Tannenbäumchen, Sterne und Nikolausstiefel, aber auch Tulpen, Häschen, Schafe sowie Muscheln und Leuchttürme – eben für jede Jahreszeit das richtige Förmchen. Neu auf meiner Wunschliste stehen jetzt geometrische Formen wie diese von Zenker. 2er-Set ca. 4,50 Euro, www.fackelmann.de

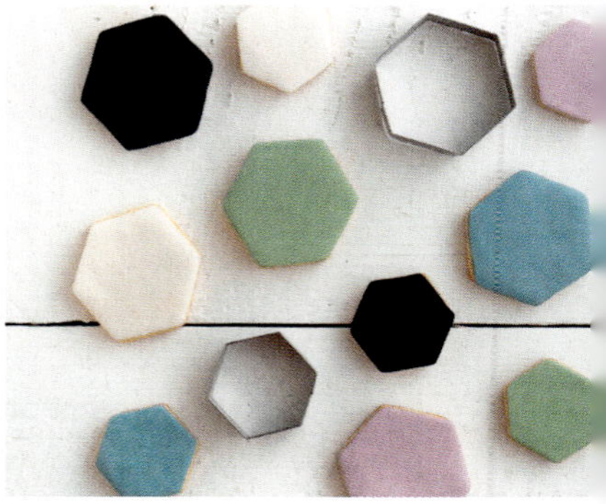

Fabelhafte Anhänger

Ich sammle das ganze Jahr über hübsche kleine Dinge, die sich als Anhänger für Geschenke eignen. Aktuell hoch im Kurs: Rosa-, Pink- und Nude-Töne, kombiniert mit Weiß, Gold oder Kupfer. Die Farben erinnern mich an Zuckerguss, Baiser und Streusel. Kombiniert mit den Natur-Dekoideen von Seite 48 ist die Verpackung aller Geschenke aus der Küche schon mal gesichert. Jetzt muss ich nur noch anfangen zu backen …

Aus meiner Küche...

GLÄSER, GLÄSER, GLÄSER

Ich kann nicht aufhören, schöne Gläser zu sammeln. Über 50 große Einmachgläser habe ich vor mehr als 10 Jahren von meiner Oma geerbt, sie finden sich überall bei uns im Haushalt. Beim Einkaufen achte ich zudem auf hübsche Formen und Deckel von Konfitüre und Co., um das Glas wiederzuverwenden. Neu kaufe ich gern Schraub- und Bügelgläser von Kilner (z. B. über www.a-fine.de). Speziell die Weithals-Einkochgläser lassen sich leicht befüllen, eignen sich zum nachhaltigen Verpacken kleiner Geschenke oder sind selbst Präsente.

SCANDI CHIC AUS HAMBURG

Das Designlabel Philippi von der Elbe überrascht mich immer wieder mit außergewöhnlichen skulpturellen Dingen fürs Zuhause. Kürzlich bin ich über diese schlichten und schönen Buchenholzbäumchen namens „Pelle" gestolpert. Eigentlich stammen sie aus der Vorjahreskollektion, zum Glück gibt es sie aber noch und sogar in allen drei Größen! Es wird also Zeit, rasch einen Platz auf der Fensterbank frei zu machen für meinen kleinen Winterwald. Ab ca. 13 Euro, www.philippi.com

In große Becher passt mehr Kaffee. Daher steht der „Surfing Tree"-Becher der Serie Coppa auf meinem Wunschzettel. Ca. 13 Euro, asa-selection.de

Fotos: Kathrin Knoll (1); Staedter (2); gettyimages.de / E+ / 2K Studio (1); iStock / Getty Images Plus / ThitareeSarmkasat (1); Zenker (1); Kilner (3)

Einfach, schnell & so lecker

Heißen Crumble

Auf saftiges Obst streuen wir knusprige Kuchenstreusel – schon ist dieses geniale Winterdessert im Ofen!

Apfel-Pflaumen-Crumble

00 45 std : min

PRO PORTION: 445 KCAL | 6 G E | 22 G F | 58 G KH

ZUTATEN FÜR 6 PERSONEN

- ★ **150 g Butter, in Stücken, zzgl. etwas mehr zum Fetten**
- ★ **3 Äpfel, in Würfeln**
- ★ **600 g Pflaumen, halbiert und entsteint**
- ★ **150 g Dinkelmehl Type 630**
- ★ **75 g zarte Haferflocken**
- ★ **75 g brauner Zucker**
- ★ **2 TL winterliches Crumble-Gewürz**
- ★ **1 Prise Salz**
- ★ **nach Belieben Vanilleeis oder -soße zum Servieren**

AUSSERDEM

- ★ **Auflaufform (ca. 22×28 cm)**

1 | Den Backofen auf 180 °C Ober-/Unterhitze vorheizen. Eine Auflaufform mit etwas Butter einfetten. Die Äpfel und Pflaumen darin verteilen.

2 | Butter, Mehl, Haferflocken, Zucker, das Crumble-Gewürz und Salz in den geben, **30 Sek. | Stufe 4** verrühren.

3 | Die Streusel über den Früchten in der Auflaufform verteilen und den Crumble im Ofen für ca. 40 Min. backen. Nach Belieben pur, mit Vanilleeis oder -soße servieren.

Fotos: Anna Giesler (1); Archiv (1); Ostmann (1)

SCHOKOLADE
zum Schwelgen

Das verführerische dunkle Gold zeigt sich hier in den köstlichsten Kombinationen mit Vanille, Karamell oder auch Kaffee

Rezepte: Vera Schubert

EASY

Orangen-Marmorkuchen
Rezept auf Seite 98

Ich kann keiner Schokolade widerstehen. Seit der Thermomix® das Zerkleinern, Schmelzen oder Temperieren übernimmt, probiere ich auch gern neue Rezepte aus.

Klassische Schokotarte
Rezept auf Seite 98

Fotos: StockFood.com / PhotoCuisine (1) / Are Media (1), [illegible]ages.de / iStock / Getty Images Plus / natrot (1) | Illustrationen: gettyimages.de / iStock / Getty Images Plus / DiViArt (1)

Edles zartes NASCHWERK

Schoko-Vanille-Rolle ohne Backen
Rezept auf Seite 99

Schoko-Cupcakes mit Karamellfrosting
Rezept auf Seite 99

Weiße Busserl
Rezept auf Seite 100
Espresso-Busserl
Rezept auf Seite 100
GESCHENK IDEE
Kakao-Busserl
Rezept auf Seite 100

Einfach zum
DAHINSCHMELZEN

Weißer Schokoladenlikör und Espressolikör
Rezept auf Seite 36

Orangen-Marmorkuchen

01 00 std : min

PRO STÜCK: 280 KCAL | 3 G E | 14 G F | 36 G KH

ZUTATEN FÜR 16 STÜCKE

- ★ 250 g weiche Butter, in Stücken, zzgl. etwas mehr zum Fetten
- ★ 350 g Weizenmehl Type 405 zzgl. etwas mehr zum Bearbeiten
- ★ 250 g Zucker
- ★ 4 Eier
- ★ 120 g Joghurt
- ★ Abrieb und Saft von 1 unbehandelten Orange
- ★ 2 TL Backpulver
- ★ 2 EL selbst gemachter Vanillezucker
- ★ 1 Prise Salz
- ★ 30 g Kakaopulver
- ★ 1 EL Puderzucker

AUSSERDEM

- ★ Gugelhupfform (Ø ca. 25 cm)

1 | Den Backofen auf 180 °C Ober-/Unterhitze vorheizen. Die Form mit etwas Butter fetten und mit etwas Mehl ausstäuben.

2 | Butter mit Zucker in den [Mixtopf] geben und **2 Min. | Stufe 3** schaumig rühren. Eier, Joghurt, Orangenabrieb, die Hälfte vom Orangensaft, Mehl, Backpulver, Vanillezucker sowie Salz zufügen und **20 Sek. | Stufe 5** vermengen. Die Hälfte vom Teig in Klecksen in der Form verteilen.

3 | Kakaopulver mit restlichem Orangensaft zum übrigen Teig in den [Mixtopf] geben und **15 Sek. | Stufe 4** vermengen. Den dunklen Teig auf dem hellen Teig verteilen, mit einer Gabel marmorieren und glatt streichen.

4 | Den Kuchen im heißen Ofen ca. 45–50 Min. backen. Stäbchenprobe machen, dann aus dem Ofen nehmen und auf einem Kuchengitter abkühlen lassen. Den Kuchen aus der Form lösen, auf eine Tortenplatte setzen und mit Puderzucker bestreut servieren.

>**TIPP** Der Klassiker bekommt bei uns eine raffinierte Orangennote. Trotzdem ist der All-in-Teig einfach und schnell zubereitet. Schon nach 10 Minuten ist der Teig im Ofen, denn alle Zutaten kommen nach und nach in den [Mixtopf] und werden darin cremig-fluffig aufgeschlagen. Freut euch auf einen wunderbar lockeren und saftigen Gugelhupf.

Klassische Schokotarte

00 55 std : min

PRO STÜCK: 371 KCAL | 5 G E | 24 G F | 37 G KH

ZZGL. 4 STD. 30 MIN. RUHEZEIT

ZUTATEN FÜR 12 STÜCKE

FÜR DEN TEIG

- ★ 100 g Zucker
- ★ 200 g Weizenmehl Type 405 zzgl. etwas mehr zum Bearbeiten
- ★ 100 g kalte Butter, in Stücken, zzgl. etwas mehr zum Fetten der Form
- ★ 1 Ei
- ★ 1 Prise Salz

FÜR DIE FÜLLUNG

- ★ 300 g Zartbitterschokolade, in Stücken
- ★ 200 g Crème fraîche
- ★ 70 g Sahne
- ★ 1 EL Kakaopulver
- ★ 1 Prise grobes Meersalz zzgl. etwas mehr zum Bestreuen

AUSSERDEM

- ★ Springform (Ø 24 cm)
- ★ Hülsenfrüchte zum Blindbacken

1 | Für den Teig den Zucker im [Mixtopf] **10 Sek. | Stufe 10** pulverisieren. Mit dem [Spatel] nach unten schieben, die übrigen Zutaten zufügen und **20 Sek. | Stufe 5** verkneten. Den Teig zu einem Riegel formen, in Frischhaltefolie wickeln und ca. 30 Min. kalt stellen. Den [Mixtopf] spülen.

2 | Den Backofen auf 180 °C Ober-/Unterhitze vorheizen. Die Springform mit etwas Butter einfetten. Den Teig auf einer leicht bemehlten Arbeitsfläche rund ausrollen (Ø ca. 30 cm). Den Teig in die Form geben und am Rand andrücken.

3 | Den Teig mit einer Gabel mehrfach einstechen, mit Backpapier und Hülsenfrüchten belegen und im Ofen ca. 20 Min. blindbacken. Dann das Backpapier mit Hülsenfrüchten entnehmen und den Teig weitere ca. 10 Min. backen. Aus dem Ofen nehmen und vollständig auskühlen lassen.

4 | Für die Füllung die Schokolade in den [Mixtopf] geben und **8 Sek. | Stufe 8** hacken. Mit dem [Spatel] nach unten schieben, die übrigen Zutaten zufügen und **6 Min. | 50 °C | Stufe 1** schmelzen lassen.

5 | Die Schokocreme auf den ausgekühlten Mürbeteig gießen und mind. 4 Std. kalt stellen. Die Tarte mit Meersalz bestreuen und servieren.

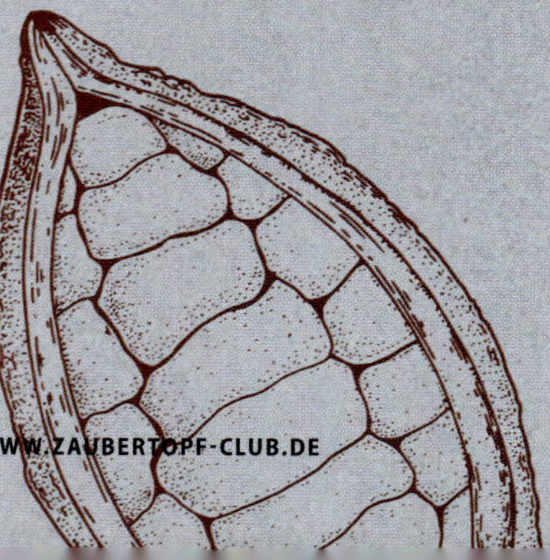

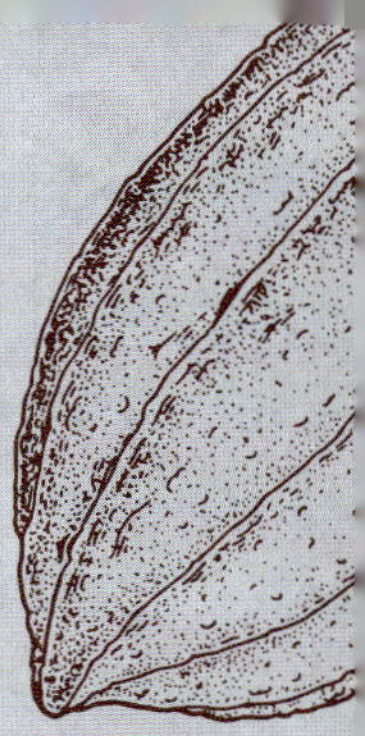

Schoko-Vanille-Rolle ohne Backen

00 15 std : min

PRO STÜCK: 370 KCAL | 5 G E | 22 G F | 40 G KH

ZZGL. 2 STD. RUHEZEIT

ZUTATEN FÜR 12 STÜCKE

- 200 g Zucker
- 300 g Butterkekse
- 3 EL Kakaopulver
- 90 g frisch gekochter Kaffee, abgekühlt
- 1 EL Rum
- 150 g Butter, in Stücken
- 1 EL selbst gemachter Vanillezucker
- 1 TL Vanillextrakt
- 200 g Frischkäse
- 50 g Kokosraspel zzgl. etwas mehr zum Garnieren

1 | 200 g Zucker in den ◯ geben, **20 Sek.** | **Stufe 10** pulverisieren und anschließend umfüllen.

2 | Für die Schokoladenmasse 150 g Puderzucker, Butterkekse und Kakao im ◯ für **20 Sek.** | **Stufe 8** zerkleinern. Kaffee sowie Rum zufügen und **20 Sek.** | **Stufe 4** vermengen. Die Masse mit den Händen durchkneten, zu einem Riegel formen, in Frischhaltefolie einwickeln und etwa 1 Std. kalt stellen. Den ◯ spülen.

3 | Für die Füllung die Butter mit dem übrigen Puderzucker, dem Vanillezucker sowie dem Vanilleextrakt in den ◯ geben und **3 Min.** | **Stufe 4** schaumig schlagen. Rühraufsatz einsetzen. Frischkäse zugeben und **30 Sek.** | **Stufe 3** unterrühren.

4 | Die gekühlte Schokoladenmasse zwischen zwei Lagen Frischhaltefolie quadratisch (25 × 25 cm) und ca. 0,5 cm dick ausrollen. Die Vanillecreme darauf verstreichen und die Platte mithilfe der Folie aufrollen. Die Rolle in den Kokosraspeln wälzen und im Kühlschrank ca. 1 Std. kalt stellen.

5 | Die Rolle mit einem scharfen Messer in ca. 12 Scheiben schneiden und servieren.

>**VARIANTE** Anstatt des Rums könnt ihr für die Rolle auch Orangensaft verwenden. Und wenn ihr den Kaffee durch Milch ersetzt, schmeckt diese Nascherei auch Kindern. Wer gerne Kokos mag, kann 1–2 EL Kokosraspeln mit in die Creme geben.

>**NO BAKE** Bei dieser Rolle bleibt der Backofen aus. Das Tolle an „No Bake"-Kuchen: der frische, pralinenähnliche Geschmack und die einfache Zubereitung. Sowohl die Schokoladenmasse als auch die Vanillecreme sind in eurem Thermomix® im Handumdrehen gemixt. Den Rest erledigt dann der Kühlschrank.

Schoko-Cupcakes mit Karamellfrosting

00 45 std : min

PRO STÜCK: 535 KCAL | 9 G E | 36 G F | 46 G KH

ZZGL. 2 STD. RUHEZEIT

ZUTATEN FÜR 12 STÜCK

FÜR DEN TEIG
- 100 g Zartbitterschokolade, in Stücken
- 100 g Vollmilchschokolade, in Stücken
- 2 Eier
- 200 g Milch
- 100 g Zucker
- 1 TL selbst gemachter Vanillezucker
- 75 g Sonnenblumenöl
- 250 g Weizenmehl Type 405
- 40 g Kakaopulver
- ½ Pck. Backpulver

FÜR DAS FROSTING
- 100 g Zucker
- 200 g weiche Butter, in Stücken
- 300 g Frischkäse
- 6 EL Karamellsoße
- Haselnüsse zum Garnieren, gehackt

AUSSERDEM
- Muffinblech
- 12 Papierförmchen
- Spritzbeutel mit Sterntülle

1 | Den Backofen auf 180 °C Ober-/Unterhitze vorheizen. Das Muffinblech mit den Papierförmchen auslegen.

2 | Für den Teig die Schokoladen in den ◯ geben und **5 Sek.** | **Stufe 8** zerkleinern. Mit dem Spatel nach unten schieben. Eier, Milch, Zucker, Vanillezucker sowie Öl zufügen und **5 Min.** | **37 °C** | **Stufe 2** erwärmen.

3 | Mehl, Kakao- und Backpulver in den ◯ geben und **10 Sek.** | **Stufe 5** vermengen. Mit dem Spatel nach unten schieben und erneut **10 Sek.** | **Stufe 5** vermengen. Den Teig in die Muffinförmchen füllen und im heißen Ofen ca. 25 Min. backen. Inzwischen den ◯ spülen.

4 | Die Muffins aus dem Ofen nehmen und in der Form ca. 2 Std. vollständig abkühlen lassen.

5 | Für das Frosting den Zucker in den ◯ geben **1 Min.** | **Stufe 10** pulverisieren. Mit dem Spatel nach unten schieben. Butter zufügen und **3 Min.** | **Stufe 4** schaumig schlagen, ggf. zwischendurch mit dem Spatel nach unten schieben. Den Frischkäse mit 4 EL Karamellsoße zugeben und **10 Sek.** | **Stufe 4** unterrühren.

6 | Das Frosting in einen Spritzbeutel füllen und die Cupcakes nach Belieben damit verzieren. Mit übriger Karamellsoße und gehackten Nüssen garnieren und servieren.

>**TIPP** Für das Frosting sollten alle Zutaten Zimmertemperatur haben, so verbinden sich die Komponenten besser zu einer homogenen Creme.

Espresso-, Kakao- & weiße Busserl

01 00 std : min

PRO STÜCK: 21 KCAL | 0 G E | 1 G F | 2 G KH

ZUTATEN FÜR 200 STÜCK

FÜR DIE WEISSEN BUSSERL
- **2 Eier, getrennt**
- **50 g weiße Schokolade, in Stücken**
- **250 g Butter, in Stücken**
- **150 g Puderzucker zzgl. etwas mehr zum Bestäuben**
- **40 g Amaretto**
- **320 g Weizenmehl Type 405**
- **2 Pck. Karamellpuddingpulver**

FÜR DIE ESPRESSO-BUSSERL
- **2 EL Instant-Espressopulver**

FÜR DIE KAKAO-BUSSERL
- **2 EL Kakaopulver**

AUSSERDEM
- **Spritzbeutel mit Sterntülle**

1 | Den Backofen auf 180 °C Ober-/Unterhitze vorheizen. Drei Backbleche mit Backpapier auslegen. Den Rühraufsatz einsetzen.

2 | **Für die weißen Busserl** Eiweiße in den geben und **2 Min. | Stufe 3,5** steif schlagen. Den Eischnee umfüllen. Die Schokolade in den geben und **3 Sek. | Stufe 8** zerkleinern. Mit dem nach unten schieben, die Butter zufügen und **5 Min. | 50 °C | Stufe 1** schmelzen lassen.

3 | Eigelbe, Puderzucker sowie Amaretto zugeben und **1 Min. | Stufe 3** vermengen. Mehl mit Puddingpulver zufügen und **20 Sek. | Stufe 4** unterrühren. Den Teig umfüllen und den Eischnee unterheben.

4 | Zunächst ein Drittel des Teigs in den Spritzbeutel füllen und in kleinen Tupfen auf ein Backblech spritzen. Weiße Busserl im heißen Ofen ca. 8–10 Min. backen. Aus dem Ofen nehmen und auskühlen lassen.

5 | **Für die Espresso-Busserl** das Espressopulver vorsichtig unter ein Drittel des Teigs heben. Ebenso in einen Spritzbeutel füllen, in kleinen Tupfen auf ein Backblech spritzen und 8–10 Min. backen.

6 | **Für die Kakao-Busserl** das Kakaopulver vorsichtig unter den übrigen Teig heben. Ebenfalls in Tupfen auf ein Backblech setzen, 8–10 Min. backen und aus dem Ofen nehmen. Abkühlen lassen und die dreierlei Busserl servieren.

>**TIPP** Bewahrt die Busserl in einer gut verschlossenen Dose auf und lagert diese kühl und dunkel. Innerhalb von 3–4 Wochen verzehren.

Espressolikör

00 30 std : min

FAT

PRO PORTION (2 CL): 36 KCAL | 0 G E | 0 G F | 4 G KH

ZUTATEN FÜR 4 FLASCHEN À 350 ML

- **1 Vanilleschote, in Stücken**
- **250 g Zucker**
- **300 g Wasser**
- **150 g Espresso, frisch gekocht**
- **500 g weißer Rum**

1 | Vanilleschote mit Zucker in den geben und **20 Sek. | Stufe 10** pulverisieren. Mit dem nach unten schieben.

2 | Wasser zufügen und ohne Messbecher **20 Min. | Varoma® | Stufe 2** einkochen lassen, dabei den Garkorb als Spritzschutz aufsetzen.

3 | Die Mischung im 5 Min. abkühlen lassen. Espresso und Rum zugeben und **10 Sek. | Stufe 3** vermengen. Durch ein feines Sieb in sterile Flaschen abfüllen, sofort verschließen und abkühlen lassen.

>**TIPP** Kühl und dunkel gelagert hält der Likör bis zu 6 Monate. Nach dem Öffnen im Kühlschrank aufbewahren und innerhalb weniger Wochen verbrauchen.

Weißer Schokoladenlikör

00 30 std : min

PRO PORTION (2 CL): 60 KCAL | 1 G E | 4 G F | 4 G KH

ZUTATEN FÜR 4 FLASCHEN À 300 ML

- **½ Zimtstange**
- **125 g Zucker**
- **150 g weiße Schokolade, in Stücken**
- **500 g Sahne**
- **100 g Milch**
- **1 Ei**
- **250 g Wodka**

1 | Zimtstange mit Zucker in den geben und **20 Sek. | Stufe 10** pulverisieren. Schokolade zufügen, **8 Sek. | Stufe 8** zerkleinern und mit dem nach unten schieben.

2 | Sahne, Milch sowie Ei zugeben und **15 Sek. | Stufe 5** verrühren, dann **8 Min. | 75 °C | Stufe 3** erhitzen.

3 | Wodka einfüllen und **15 Sek. | Stufe 3** vermengen. Den Likör durch ein feines Sieb in sterile Flaschen abfüllen, diese verschließen und vollständig abkühlen lassen.

>**TIPP** Den Likör im Kühlschrank aufbewahren und innerhalb von 1–2 Wochen aufbrauchen. Vor dem Servieren gut schütteln.

RATGEBER

BASICS

Welches Schokoladenprodukt ihr für welchen Zweck benötigt und wie ihr es im Thermomix® ganz leicht verarbeitet!

Scan mich

Seht euch unsere Folge „Trinkschokolade am Stiel" an!

KUVERTÜRE ODER SCHOKOLADE?

Der größte Unterschied liegt im Fettgehalt – bei Kuvertüre ist er höher als bei Schokolade. Dadurch ist Kuvertüre im geschmolzenen Zustand flüssiger und lässt sich als Dekoration auf Kuchen und Keksen verstreichen. Sie härtet auch schneller aus als Schokolade.

KUVERTÜRE	SCHOKOLADE
✓ Glasur	✓ Creme
✓ Pralinen	✓ Mousse
✓ Topping für Plätzchen	✓ Pudding
	✓ Teige

ZERKLEINERN

Ab jetzt kauft ihr nur noch gute Schokolade am Stück, Chunks oder Pulver macht ihr im Thermomix® selbst! Stets maximal 250 g Schokolade, in Stücken und am besten vorab gefroren in den geben.

GROB HACKEN
★ 4 Sek. | Stufe 6
> zum Beispiel als Chocolate Chunks oder Chips in Cookies

FEIN HACKEN
★ 4–5 Sek. | Stufe 7
> zum Beispiel als Streusel für Ameisenkuchen oder auf Dessert

PULVERISIEREN
★ 6 Sek. | Stufe 8
> zum Beispiel zum Schmelzen – auch in heißer Schokolade

SCHMELZEN BEI MAXIMAL 50°

Wird Schokolade beim Festwerden grau, wurde sie zu heiß erhitzt! Das passiert mit dem Thermomix® nicht mehr. Er schmilzt die Schokolade bei gleichbleibender Temperatur.

KUVERTÜRE OHNE WASSERBAD!

Die Zeiten eines umständlichen Wasserbads sind vorbei! Braucht ihr geschmolzene Kuvertüre zum Dekorieren von Keksen, Pralinen oder Kuchen – auch in unterschiedlichen Sorten wie weißer und dunkler Schokolade – stellt ihr sie jetzt bequem im Garkorb her.

So geht's: 500 g Wasser in den geben und zuvor gehackte Kuvertüre in hitzebeständige Förmchen füllen, Frischhaltefolie darüber mit Gummiband fixieren und in den Garkorb setzen. Jetzt **15 Min. | Varoma® | Stufe 1** erwärmen. Alternativ Kuvertüre in einen Gefrierbeutel füllen und fest verschließen. Im Garkorb **12 Min. | Varoma® | Stufe 1** schmelzen.

> **TIPP** Lasst Glasur bei Raumtemperatur – nicht im Kühlschrank – fest werden, denn dort kühlt sie zu schnell und wird grau.

SCHOKOLADIGE LECKEREIEN DIREKT AUS DEM

Braucht ihr für Kuchenteig, Cremes, Mousse oder auch Trinkschokolade am Stiel (siehe Idee oben) geschmolzene Schokolade oder Kuvertüre, verarbeitet ihr sie direkt im , wo sie auch weiterverarbeitet werden kann.

Um sie direkt im zu schmelzen, gebt die Kuvertüre oder Schokolade in Stücken in den und pulverisiert sie **6 Sek. | Stufe 8**, dann **4 Min. | 40 °C | Stufe 2** schmelzen lassen. Überprüft regelmäßig den Fortschritt durch einen Blick in den .

Fotos: Désirée Peikert (1); Anna Gieseler (3); gettyimages.de / iStock / Getty Images Plus / Magone (1), natrot (1) | Illustration: gettyimages.de / iStock / Getty Images Plus / DIVIArt (1)

Für euch entdeckt …

Unsere beliebtesten Back-Helferlein für die Weihnachtsbäckerei findet ihr im ZauberTopf-Shop!

ECHTE STARS
Backförmchen „Stern“
Das 4er-Set für glänzende Auftritte von Vor- und Hauptspeisen oder Obstküchlein mit Knusperboden.
24,95 €

Carla
Social-Media-Managerin

Ich teste jedes Produkt sofort und teile meinen ersten Eindruck auf Instagram und @zaubertopf.de mit euch – folgt mir, ich freue mich!

BACKPROFI
Rochen®
Mit nur 3 Streichbewegungen sind gehackte Nüsse, Schokolade oder pulverisierter Zucker heruntergeschoben – wirklich genial!
16,95 €

JETZT GEHT’S HOCH HER IN DER KÜCHE!

TSCHÜSS, TEIGRESTE!
TeigPRO
Cleverer Schutz fürs Mixmesser – Teige wie gewohnt kneten, aber ohne Reste unterm Messer!
24,95 €

FÜR JEDEN ANLASS
Glas-Auflaufformen, 5er-Set
Eine große und vier kleine Glasformen für Aufläufe oder Desserts. Zum Backen und Kaltstellen, mit Deckeln für Frische!
41,95 €

MEHR BACKSPASS
„Basis-Backbuch“
260 Seiten mit den wichtigsten Backrezepten für Thermomix®. Plus: viele Schritt-für-Schritt-Anleitungen.
29,90 €

„Super, gleich zweimal bestellt, um einen zu verschenken!“

Bewertung eines Trusted-Shop-Nutzers

JETZT WIRD GEHOBELT!

WunderSlicer®

Endlich Obst- und Gemüsescheiben oder auch Raspel einfach und schnell mit dem Thermomix® herstellen! Passend für TM6, TM5® und TM31! Ideal auch für Apfel- oder Rüblikuchen!

89,95 €

WOW-DESSERTS

4 Anrichtegläser „Magic“

Für Schichtdesserts erste Schicht schräg gestellt fest werden lassen, zweite auffüllen – fertig!

23,90 €

So verwandelt ihr eure Backstube in eine Konditorei

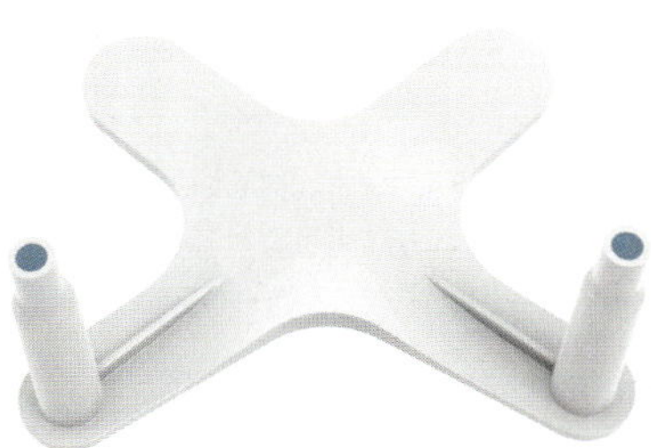

MÜHELOS BEWEGEN

WunderSlider®

Der unsichtbar und mit einem Klick befestigte Slider macht das Bewegen des Thermomix® mühelos!

19,95 €

ALLES IM KASTEN

Backform für Brownies

Ideale Größe, mit Keramikboden zum direkten Servieren und Deckel zum Frischhalten oder Transportieren.

39,95 €

Fotos: Ira Leoni (1); Archiv; Betty Bossi (4); Ira Leoni (1)

WOCHENKALENDER 2023

Die 53 beliebtesten Rezepte

Ihr habt gewählt! In diesem Kalender findet ihr die meistgekochten Rezepte aus dem ZauberTopf-Club. Freut euch auf abwechslungsreiche Inspiration mit einer neuen Idee für jede Woche und probiert, was auch andere lieben.

16,90 €

Geschenkidee!

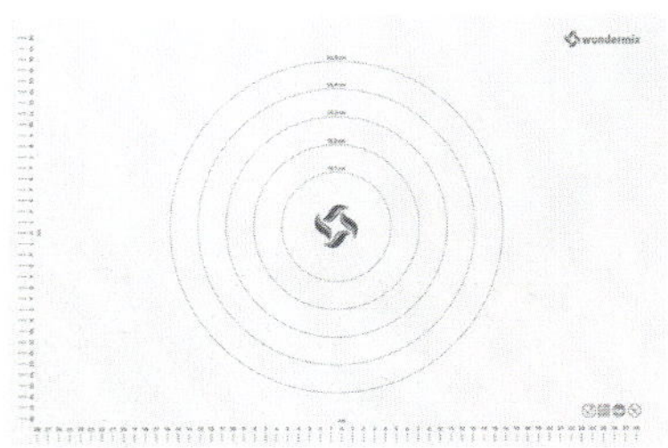

GROSSE HILFE

Teigunterlage

Die extragroße (60×40 cm) Silikonmatte mit Hilfsmarkierungen assistiert beim Kneten und Ausrollen von Teigen.

29,95€

GEDÄMPFTES GEBÄCK

FlexiSteam®

Mit der passgenauen Silikonbackform könnt ihr direkt im Einlegeboden herrlich softe Schoko-, Käse- oder Lebkuchen garen. Ihr braucht kein Backpapier mehr zuzuschneiden und die Form kann nach dem Abspülen gleich wiederverwendet werden – auch im Backofen. Viele gute Rezeptideen für gedämpftes Gebäck findet ihr unter wwwzaubertopf-club.de

15,95 €

PASSGENAU

WunderCover®

Der Frischhaltedeckel hält Speisen luftdicht verschlossen. Zudem könnt ihr in der Vertiefung Zutaten abwiegen!

22,95 €

MIXTOPF-DESIGN

ZauberButton

Ist der kleine Stöpsel am Griff verloren gegangen? Der Zauber Button sorgt für schicken Ersatz!

3,95 €

FÜR WERTVOLLES

Miximizer®

Verkleinert das Topf-Volumen und hält Kleinstmengen wie Advents-Gewürze in Messernähe.

18,95 €

NIEDLICHES GEBÄCK

ZauberCups, 8 Stück

Die Silikonförmchen für Küchlein und Desserts passen in den Varoma® und dürfen auch in Backofen oder Tiefkühler!

19,95 €

FAMILIENPLANER

Wandkalender 2023

In 5 Spalten finden alle Termine eurer Familienmitglieder Platz. Die wunderschön illustrierten Kalenderblätter mit saisonalen Rezepten, die Klein und Groß Vergnügen bereiten, machen Lust auf jede Jahreszeit.

19,90 €

Fotos: Getty Images / E+ / TARIK KIZILKAYA (1), ; Archiv

Zimt

Schweinsöhrchen aus 3 Zutaten

Rezept auf Seite 112

Zucker

Selbst gemachter Zimtzucker aus dem Thermomix®
– mit dieser Mischung verzaubern wir Klassiker
wie Zupfbrot und Schweinsöhrchen und verfeinern
Trendideen wie Cronuts und Cruffins

Rezepte: Lukas Lotzing

EASY

Foto: StockFood.com / Magdalini Konstantopoulou (1) | Illustrationen: gettyimages.de / DigitalVision Vectors / ulimi (1)

Veganes Zimtzucker-Zupfbrot
Rezept auf Seite 112

So süss!

Lara

Online-Redakteurin

Ich liebe Zimt! Für mich ist es DAS Gewürz der Weihnachtsbäckerei – ein Advent ohne ist unvorstellbar.

Cronuts mit Zimtzucker und Schokolade

Rezept auf Seite 112

Cronuts

Optisch sehen sie aus wie Donuts – der Teig ist aber locker-luftig wie ein Croissant, daher ihr Name. Ob zum Frühstück, Brunch oder Kaffeekränzchen: Das Trendgebäck passt zu jedem Anlass!

Fotos: StockFood / Kati Neudert (1), ZS Verlag / Wolfgang Schardt (1)

Apfel-Cruffins mit Zimtzucker
Rezept auf Seite 113

Cruffins

Das Beste aus Croissants und Muffins, vereint in einem Gebäck? Da werden wir schwach. Die schnell gemachten, superleckeren Knusperschnecken sind die perfekte Winternascherei beim Schlittenfahren oder in der Pause beim langen Waldspaziergang.

Donuts

Außen zuckrig, innen soft – diese Kombi macht gute Donuts aus. Wir backen sie im Handumdrehen selbst und können nicht genug von ihnen bekommen!

Zimtzucker-Donuts ohne Frittieren
Rezept auf Seite 113

Fotos: StockFood.com / Ewgenija Schall (1), Patrizia Miceli (1)

Schweinsöhrchen aus 3 Zutaten

00 20 std : min

PRO STÜCK: 96 KCAL | 1 G E | 4 G F | 14 G KH

ZZGL. 15 MIN. RUHEZEIT

ZUTATEN FÜR 20 STÜCK

- **50 g Butter, in Stücken**
- **110 g Zimtzucker (Rezept siehe rechts)**
- **1 Rolle Blätterteig (Kühlregal, ca. 275 g)**

1 | Die Butter und die Hälfte vom Zimtzucker in den Mixtopf geben und **2 Min. | 60 °C | Stufe 2** schmelzen.

2 | Den Blätterteig entrollen. Die Arbeitsfläche mit übrigem Zimtzucker bestreuen, den Blätterteig darauf ausbreiten und etwas andrücken, sodass der Zucker daran haften bleibt. Dann mit der Zimtbutter bestreichen.

3 | Den Blätterteig von einer langen Seite zur Mitte hin aufrollen, dann von der anderen Seite ebenfalls zur Mitte hin aufrollen. Den so aufgerollten Blätterteig in Frischhaltefolie wickeln und 15 Min. in die Gefriertruhe legen. Inzwischen den Backofen auf 220 °C Ober-/Unterhitze vorheizen. Ein Backblech mit Backpapier auslegen.

4 | Die Blätterteigrolle mit einem scharfen Messer in ca. 1 cm breite Scheiben schneiden. Die Schweinsöhrchen auf dem Backblech verteilen und im heißen Ofen ca. 8 Min. backen. Anschließend aus dem Ofen nehmen, abkühlen lassen und servieren.

> **TIPP** Das kleine Knuspergebäck ist ein ideales Last-minute-Geschenk – die Öhrchen sehen hübsch aus und sind vor allem superschnell zubereitet. Hier könnt ihr zudem in Serienproduktion gehen und gleich die fünffache Menge Zimtzucker-Butter herstellen, um mehrere Bleche der Leckerei herzustellen und direkt ein ganzes Päckchen Butter zu verbrauchen.

Veganes Zimtzucker-Zupfbrot

01 00 std : min

PRO SCHEIBE: 132 KCAL | 3 G E | 5 G F | 18 G KH

ZZGL. 1 STD. 30 MIN. RUHEZEIT

ZUTATEN FÜR 24 SCHEIBEN

- **200 g Sojadrink (oder andere Milch-Alternative)**
- **20 g frische Hefe**
- **50 g Zucker**
- **150 g weiche Margarine, in Stücken, zzgl. etwas mehr zum Fetten**
- **500 g Dinkelmehl Type 630**
- **1 Prise Salz**
- **90 g Zimtzucker (Rezept siehe rechts)**
- **Puderzucker zum Bestreuen**

AUSSERDEM
- **Kastenform (25 cm Länge)**

1 | Den Pflanzendrink, Hefe sowie Zucker in den Mixtopf geben, **2 Min. | 37 °C | Stufe 2** erwärmen. 70 g Margarine, Mehl sowie Salz zufügen und **2 Min. |** Teigstufe verkneten. Den Teig umfüllen und 45 Min. ruhen lassen. Den Mixtopf spülen.

2 | Die Kastenform mit etwas Margarine einfetten. Den Teig auf einer leicht bemehlten Arbeitsfläche zu einem Rechteck (ca. 40 × 30 cm) ausrollen. Mit den übrigen 80 g Margarine bestreichen und mit dem Zimtzucker bestreuen.

3 | Den Teig quer in 6 gleich breite Streifen schneiden. Die Teigstreifen vorsichtig übereinanderlegen und anschließend in 4 gleich breite Stücke schneiden. Die Kastenform aufrecht auf eine kurze Seite stellen und die Teigstücke übereinander hineinschichten. Kastenform abdecken und 45 Min. ruhen lassen.

4 | Den Backofen auf 180 °C Ober-/Unterhitze vorheizen. Das Zupfbrot im Ofen ca. 25 Min. backen. Herausnehmen und 15 Min. in der Form abkühlen lassen, dann vorsichtig herauslösen und abkühlen lassen. Lauwarm oder vollständig abgekühlt mit etwas Puderzucker bestäubt servieren.

Cronuts mit Zimtzucker und Schokolade

00 45 std : min

PRO STÜCK: 580 KCAL | 5 G E | 45 G F | 42 G KH

ZZGL. 1 STD. RUHEZEIT

ZUTATEN FÜR 8 STÜCK

- **230 g Butter, in Stücken**
- **230 g Weizenmehl Type 405 zzgl. etwas mehr zum Bearbeiten**
- **110 g Wasser**
- **½ TL Salz**
- **1500 g Sonnenblumenöl zum Frittieren**
- **50 g Haselnüsse**
- **100 g Zartbitterschokolade, in Stücken**
- **100 g Zimtzucker (Rezept siehe rechts)**

1 | Butter, Mehl, Wasser sowie Salz in den Mixtopf geben und **20 Sek. | Stufe 6** vermengen. Den Teig zu einem Riegel formen, abdecken und 20 Min. kalt stellen.

2 | Teig auf einer bemehlten Fläche mit dem Nudelholz zu einem Rechteck ausrollen (ca. 60 × 20 cm), von der langen Seite ein Drittel zur Mitte falten und das andere Drittel darüberklappen. Um 90 ° drehen, den Vorgang zweimal wiederholen. 20 Min. im Kühlschrank oder 5 Min. im Gefrierschrank kühlen.

3 | Den Teig in 8 Portionen teilen und vorsichtig zu Kugeln formen. Mit den Fingern ein Loch in die Mitte drücken und in die typische Donutform bringen. Jetzt Öl in einem hohen Topf erhitzen. Die ideale Temperatur ist erreicht, sobald an einem Holzlöffelstiel kleine Bläschen aufsteigen. Die Cronuts im heißen Öl von beiden Seiten je 2 Min. goldbraun ausbacken. Herausnehmen und auf Küchenpapier abtropfen lassen. Den Mixtopf spülen.

4 | Haselnüsse im Mixtopf **5 Sek. | Stufe 6** zerkleinern und umfüllen. Schokolade in den Mixtopf einwiegen, **5 Sek. | Stufe 8** zerkleinern und mit dem Spatel nach unten schieben, nun **3 Min. | 50 °C | Stufe 2** schmelzen.

5 | Einige Cronuts mit Schokolade beträufeln und mit Nüssen bestreuen, einige in Zimtzucker wälzen. Abgekühlt genießen.

Apfel-Cruffins mit Zimtzucker

00 45 std : min

PRO STÜCK: 430 KCAL | 6 G E | 19 G F | 59 G KH

ZUTATEN FÜR 12 STÜCK

- 2 Äpfel, in Stücken
- 100 g Zimtzucker (Rezept siehe rechts) zzgl. 2 EL zum Bestreuen
- 150 g Butter, in Stücken, zzgl. etwas mehr zum Fetten
- 3 Rollen Blätterteig (Kühlregal, ca. 825 g)

AUSSERDEM

- 12er-Muffinform

1 Äpfel in den geben, **4 Sek. | Stufe 4,5** zerkleinern und umfüllen. Zimtzucker mit Butter in den geben und **2 Min. | Stufe 3** aufschlagen.

2 Den Backofen auf 200 °C Ober/Unterhitze vorheizen. Das Muffinblech mit Butter einfetten. Blätterteige ausrollen und mit der Zimtbutter gleichmäßig bestreichen. Die Äpfel daraufgeben und von der langen Seite wieder aufrollen, der Länge nach halbieren und jeden Strang erneut in der Mitte längs halbieren, sodass aus jeder Rolle 4 Stränge entstehen.

3 Mit der Schnittfläche nach innen aufrollen und in die Mulden des Muffinblechs setzen. Die Cruffins im Ofen 15–20 Min. goldbraun backen. Auf einem Kuchengitter abkühlen lassen. Mit 2 ½ EL Zimtzucker bestreuen und servieren.

>TIPP Das Rezept besteht aus nur 4 Zutaten, die Cruffins sind daher rasant im Ofen. Dadurch, dass ihr den Blätterteig aufrollt und weil der Teig durch die Muffinförmchen am Aufgehen in alle Richtungen gehindert wird, bekommen die Cruffins ihre herrliche Textur, die nicht ganz so knusprig und locker wie die von Croissants ist, sondern viel saftiger wie die von Muffins.

>BLÄTTERTEIG, SELBST GEMACHT
Natürlich könnt ihr den Teig aus dem Kühlregal durch selbst gemachten ersetzen. Das ist etwas aufwendiger, macht aber Spaß. Das Basisrezept findet ihr unter www.zaubertopf-club.de

Zimtzucker-Donuts ohne Frittieren

00 30 std : min

PRO STÜCK: 244 KCAL | 6 G E | 6 G F | 41 G KH

ZZGL. 1 STD. RUHEZEIT

ZUTATEN FÜR 10 STÜCK

- 125 g Milch
- 60 g Butter, in Stücken
- 60 g Zucker
- 20 g frische Hefe
- 375 g Weizenmehl Type 405 zzgl. etwas mehr zum Bearbeiten
- 1 Ei
- 1 Prise Salz
- 55 g Zimtzucker (Rezept siehe rechts)

1 Milch, Butter, Zucker sowie Hefe in den geben und **3 Min. | 37°C | Stufe 2** erwärmen.

2 Mehl, Ei sowie Salz zufügen und **3 Min. |** verkneten. Den Teig umfüllen, abdecken und ca. 45 Min. gehen lassen.

3 Teig auf einer leicht bemehlten Arbeitsfläche erneut durchkneten und in 10 gleich große Stücke teilen. Zu Kugeln formen, mit Fingern ein Loch in die Mitte drücken und in die typische Donutform bringen. Erneut 15 Min. gehen lassen. Inzwischen den Backofen auf 180 °C Ober-/Unterhitze vorheizen.

4 Ein Backblech mit Backpapier auslegen. Die Donuts auf das Blech legen und im vorgeheizten Backofen ca. 15 Min. backen. Die Donuts aus dem Ofen nehmen, im Zimtzucker wälzen und servieren.

>OHNE FRITTIEREN Diese Donuts brauchen nicht frittiert zu werden! Im Ofen gelingen die kleinen Kringel superlecker und luftig, zudem spart ihr Fett und Kalorien ein. Zum Backen eignet sich auch ein passendes Donutblech – siehe Tipp rechts.

Basis REZEPT

Weltbester Zimtzucker

00 05 std : min

PRO PORTION (1 TL): 20 KCAL | 0 G E | 0 G F | 5 G KH

ZUTATEN FÜR 1 GLAS À 250 ML

5 Ceylon-Zimtstangen in den geben und **2 Min. | Stufe 10** fein mahlen. 200 g Zucker zugeben und **20 Sek. | Stufe 5** vermengen. Den Zimtzucker in ein sauberes, trockenes Glas umfüllen und verschließen.

>ZUM VERMISCHEN Es genügen nur wenige Sekunden auf mittlerer Stufe, um die beiden Zutaten zu vermischen. Dabei wird der Zucker nicht pulverisiert – dafür wäre die höhere Stufe 10 erforderlich.

>VERWENDUNG Für Zimtzucker gibt es viele Verwendungsmöglichkeiten. Klassisch schmeckt er auf Milchreis, Pfannkuchen und zu Kartoffelpuffern. Er verfeinert auch Porridge, Milchschaum, Joghurt und Obstsalat.

DONUTS & CRONUTS OHNE FRITTIEREN
Wer die beiden Gebäcke häufiger zubereitet und sie direkt im Ofen statt im heißen Öl backen möchte, kann sich ein passendes Donutblech zu Hilfe holen. Die antihaftbeschichtete Oberfläche des Blechs der Serie „We love Baking" von Städter erleichtert das Herauslösen des Gebäcks. Ca. 30 Euro, www.staedter.de

Fotos: Anna Gieseler (1); Staedter (1)

24 Back-Tipps

Ricarda weiß Rat

Community-Managerin

Ricarda beantwortet die meist gestellten Fragen zum Backen und verrät ihre besten Tricks

1 Rezepte verdoppeln

Es gilt immer: Beachtet die Füllmenge des eures Modells. TM5® und TM6 schaffen es, bis zu 2,2 Liter zu verarbeiten, der TM31 schafft 2 Liter. Die maximale Füllmenge ist auch im Inneren des angezeigt. Am sichersten: Die Teige einfach mehrmals hintereinander zubereiten. Stellt dafür alle Zutaten bereit und startet von vorn, wenn der erste Teig umgefüllt ist.

2 Milch erwärmen ohne anbrennen

Hier ist Präzision gefragt, damit nichts anbrennt. Die Idealtemperatur lautet 80 °C statt Kochen. Der Thermomix® hält sie zuverlässig – wie bequem!

3 Wie erkenne ich, ob die Hefe noch frisch ist?

Verrührt die Hefe mit ½ TL Zucker, 2–3 EL lauwarmem Wasser (37 °C). Schäumt die Mischung nach etwa 10 Minuten, ist sie noch aktiv und ihr könnt sie weiterverwenden. Ansonsten besser entsorgen.

4 Welche Stufe stellt man für Rührteige ein?

Um weichere Teige wie Waffel-, Napfkuchen- oder Kastenkuchenteige zu verrühren, wählt ihr am besten **1 Min. | Stufe 4**. Zum Verkneten von schwereren Hefe-, Brot- oder Mürbeteigen aktiviert maximal **2 Min. |** . Knetet und rührt Teige nicht zu lang, da sie sonst zu fest und unelastisch werden, was zu kompaktem Gebäck führt.

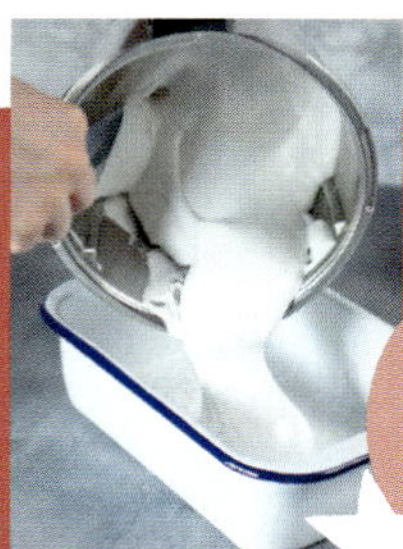

5 Royal Icing – fester Zuckerguss

Das Icing für Lebkuchenherzen oder euer Zuckerhäuschen könnt ihr im Thermomix® blitzschnell selbst machen: 1 Eiweiß mit 1 TL Zitronensaft im absolut fettfreien mit dem Rühraufsatz unter Blickkontakt ohne Zeiteinstellung **Stufe 3,5** steif schlagen. 150 g Puderzucker sieben und auf langsamster **Stufe 1** nach und nach durch die Deckelöffnung zugeben und 7–10 Min. weiterschlagen. Ggf. zwischendurch mit dem herunterschieben. Nach Belieben könnt ihr das Icing mit ein paar Tropfen Lebensmittelfarbe eurer Wahl einfärben. Das Icing sofort weiter verwenden.

6 Zutaten grob hacken

Mühsames Zerkleinern mit dem großen Küchenmesser war gestern. Der Thermomix® zerkleinert für euch 200 g Nüsse, Schokolade und andere feste Zutaten in **4 Sek. | Stufe 6**.

7

KLEBRIGE ZUTATEN LÖSEN

Speziell nach dem Kochen von Konfitüren oder der Verarbeitung von flüssiger Schokolade kann das Reinigen von , Deckel und mühsam sein. Zum Einweichen Zum Einweichen 1600 g warmes Wasser und 1 Tropfen Spüli in den geben. Den durch die Deckelöffnung stecken, **20 Sek. | Stufe 6** einstellen und 5 Min. einweichen lassen. Erneut **20 Sek. | Stufe 6** mixen und dann ausspülen.

FLÜSSIGE SCHOKOLADE

Statt eines aufwendigen Wasserbads nutzt ihr zum Schokoladeschmelzen einfach den . Als Faustregel gilt: die zerkleinerte Schokolade je nach Sorte **4 Min. | 40–50 °C | Stufe 2** erhitzen, nicht bei höherer Temperatur, damit sie beim Erkalten nicht grau wird. Dunkle Schokolade bei 40°, weiße bei bis zu 50 °C schmelzen. Bei größeren Mengen kann es länger dauern, dann bei Bedarf zwischendurch mit dem umrühren.

8

9

HEFETEIG GEHT NICHT AUF?

Ab jetzt gebt ihr frische oder trockene Hefe immer mit der Flüssigkeit und dem Zucker für **2 Min. | 37 °C | Stufe 2** in den , danach habt ihr garantiert eine perfekte Basis für Stollen, Kränze, Donuts und mehr.

10

DER TROCKEN-TRICK

Nach dem Ausspülen ein Geschirrhandtuch in den legen und **30 Sek. | | Stufe 2** trocknen. Besonders wichtig vor dem Schokoladeschmelzen!

11

WIE LANGE KANN MÜRBETEIG IM KÜHLSCHRANK LAGERN?

Luftdicht verpackt könnt ihr ihn dort 3 Tage aufbewahren. Alternativ: einfrieren und vor dem Verarbeiten einige Stunden im Kühlschrank auftauen lassen. In beiden Fällen formt ihr am besten einen Flachen Riegel, der gleichmäßiger wieder Zimmertemperatur annimmt als eine Kugel.

12

WELCHER ALKOHOL EIGNET SICH FÜR LIKÖRE?

Wir verwenden Rum für Obst und Beerenfrüchte sowie Sahneliköre, um Likör aus Kräutern oder Süßwaren zuzubereiten funktioniert Wodka gut.

Fotos: Archiv (8); Désirée Peikert (1); Anna Gieseler (3)

13

FRISCHE ODER TROCKENHEFE?

Es macht keinen Unterschied für das Ergebnis, welche von beiden ihr verwendet. Es gilt: 1 Päckchen Trockenhefe ersetzt ½ Würfel Hefe. Wird nach einem Würfel Hefe (42 g) verlangt, braucht ihr also 2 Päckchen Trockenhefe. Um 500 g Mehl zu Hefeteig zu verarbeiten, benötigt ihr ½ Würfel oder 1 Päckchen Trockenhefe.

14

WAS TUN MIT SCHOKOLADENRESTEN?

Nikoläuse und Kalenderschokolade könnt ihr im Thermomix® zu Chocolate Chips für Gebäck und Kekse oder zu Crossies verarbeiten. Zum Hacken **3 Sek. | Stufe 5**.

WAS WIRD AUS ÜBRIGEN KEKSEN?

Die Plätzchen in der Dose sind nicht mehr knusprig? Am besten verarbeitet ihr übrige Weihnachtskekse zu einem klassischen Keksboden für Cheesecake. Dafür 100 g Butter im **3 Min. | 80 °C | Stufe 2** schmelzen. 200 g altbackene Kekse zu der Butter geben und **10 Sek. | Stufe 8** zerkleinern. Dann die Streuselmasse auf den Boden einer Springform drücken. Ansonsten gilt: Rumkugeln zubereiten!

16

15

GERONNENER RÜHRTEIG?

Das kann auch mit dem Thermomix® schon mal passieren. Problem: zu kalte Zutaten, die sich nicht gut miteinander verbinden. Einfach noch mal **30 Sek. | 37 °C | Stufe 4** aufrühren. Am besten weiche Butter und zimmerwarme Eier verwenden.

17

TEIGRESTE LÖSEN

Ganz einfach: 1 EL Mehl in den geben und **2 Sek. | Turbo** aktivieren. Schon sind alle Reste trocken und krümelig!

18

WAS TUN MIT EIGELB ODER EIWEISS?

Das Wichtigste in beiden Fällen: Stellt es bis zur Verarbeitung kalt und verbraucht es noch am selben Tag. Eigelb könnt ihr zu köstlichen Traumstücken (siehe Seite 20), Eierlikör und Lemon Curd verarbeiten, Vanillepudding, Tiramisu oder Zabaione herstellen oder eure Mürbeteigplätzchen vor dem Backen damit bestreichen. In der herzhaften Küche bereitet ihr mit ihnen Carbonara, Mayonnaise und Caesar-Dressing zu. Eiweiß ist die Basis für Baisers, Marshmallows und Macarons, Pavlova oder Amarettini sowie für das Topping klassischer Zimtsterne. Auch Zuckerdekor für Lebkuchen und Co. gelingt mit Eiweiß (siehe Tipp 3). Die beliebteste Verarbeitung von Eiweiß im Thermomix®: Softeis! Für alle Ideen findet ihr Rezepte unter www.zaubertopf-club.de

19

DER GEHEIME DREH!

Speziell für Hefe- und Mürbeteige praktisch: den über Kopf halten und den Sockel gegen den Uhrzeigersinn drehen. Schon fällt der Teig samt Mixmesser heraus.

20

BRANDTEIG – LIEBER NICHT?

Doch! Der Thermomix® rührt ihn genau in der richtigen Geschwindigkeit und mit der idealen Temperatur. So gelingt die Basis für Windbeutel und Eclairs garantiert! Unser tolles Basisrezept findet ihr unter www.zaubertopf-club.de

21

PLÄTZCHEN EINFRIEREN

Genau wie Kuchen könnt ihr auch Plätzchen einfrieren. Dafür am besten portionsweise in Gefrierbeutel aus Kunststoff oder Silikon verpacken. Teige für Cookies könnt ihr auch ungebacken einfrieren, um sie dann frisch aufzubacken, wenn ihr spontan Gäste habt.

22

NIE WIEDER KLUMPIGE CREMES

Pudding oder Vanillesoße sind ohne Thermomix® eine Herausforderung, denn das Ei darf nicht stocken, die Stärke muss klümpchenfrei eingerührt und die Milch darf nicht zu heiß werden. Gleich 3 Dinge, die der Zaubertopf im Schlaf beherrscht. Rührt Stärke stets in einem Extraschälchen an und gebt sie durch die Deckelöffnung vorbei am Messbecher hinzu. So gelangt sie Tropfen für Tropfen aufs Messer und wird sofort unterrührt. Die Temperatur hält der Thermomix® ohnehin präzise.

23

KALTE BUTTER – KEIN PROBLEM!

Mit den Händen kalte Butter und Mehl zu verarbeiten, kann richtig anstrengend sein. Dem Thermomix® macht es keine Mühe. Er knetet für euch Mürbeteig mit kalter Butter in Sekunden bei **Stufe 4** oder ihr schmelzt sie **2 Min. | 60 °C | Stufe 1** für Hefe-, Rühr- oder Waffelteige.

24

WELCHES DESSERT EIGNET SICH GUT FÜR VIELE GÄSTE?

Macht's euch leicht, indem ihr Süßspeisen im Glas serviert, die ihr schon vorher zubereiten könnt. Besonders gut eignen sich Parfaits, Pannacotta oder Tiramisu, die ohnehin gut durchziehen müssen. Jedes Rezept, das für mehrere Gläschen vorgesehen ist, könnt ihr ganz bequem auch in einer größeren Auflaufform zubereiten. Macht dann direkt die doppelten Mengen der Cremes oder Schichten – am besten jeweils zweimal hintereinander im Thermomix®, damit ihr die Füllmengen nicht überschreitet.

Fotos: Anna Gieseler (3); Archiv (8); Stasher (1); gettyimages.de / iStock / Getty Images Plus / Kerkez (1)

Nicole
Online-Redakteurin

Frostings sind mein Geheimtipp, um aus einfachen Muffins schnell ein kleines Törtchen zu zaubern. Verziert nach Lust und Laune passen Cupcakes zu jedem Anlass!

Frosty WINTER

Während vor der Haustür der Schnee alles in eine stille, glitzernde Landschaft verwandelt, genießen wir im Warmen saftige Kuchen mit fluffigen Frostings

Rezepte: Vera Schubert

SÜSSES Schneegestöber

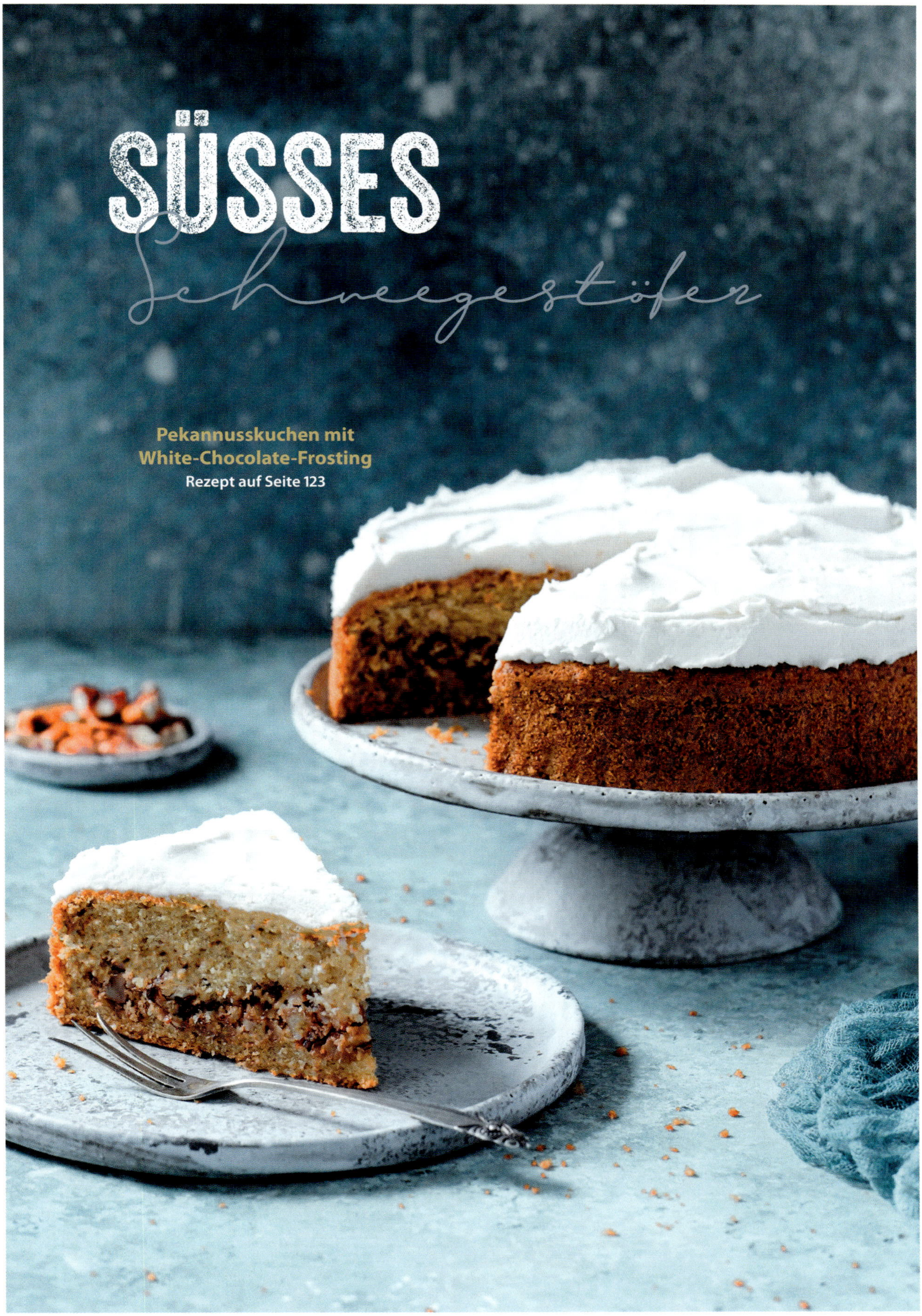

Pekannusskuchen mit White-Chocolate-Frosting
Rezept auf Seite 123

Brownies mit Tahinfrosting
Rezept auf Seite 124

Schoko-Walnuss-Kuchen
mit Frischkäsefrosting
Rezept auf Seite 124

Helle Lichter GLITZERN

FRAU HOLLE lässt grüssen

Karottenkuchen mit Kardamomfrosting

01 | 10 std : min

PRO STÜCK: 363 KCAL | 8 G E | 26 G F | 27 G KH

ZZGL. 2 STD. RUHEZEIT

ZUTATEN FÜR 16 STÜCKE

FÜR DEN TEIG
- ★ **200 g Zucker**
- ★ **150 g Haselnüsse**
- ★ **150 g Mandeln**
- ★ **2 cm Ingwer**
- ★ **400 g Karotten, in Stücken**
- ★ **2 EL Speisestärke**
- ★ **1 TL Backpulver**
- ★ **4 Eier**
- ★ **1 Prise frisch geriebene Muskatnuss**
- ★ **½ TL gemahlener Zimt**
- ★ **¼ TL gemahlener Kardamom**
- ★ **¼ TL gemahlene Kurkuma**
- ★ **1 Prise Salz**

FÜR DAS TOPPING
- ★ **100 g Zucker**
- ★ **100 g Mandelblättchen**
- ★ **350 g Mascarpone**
- ★ **50 g Sahne**
- ★ **½ TL gemahlener Kardamom**

AUSSERDEM
- ★ **Kastenform (Länge 25 cm)**

1 | Den Backofen auf 160 °C Umluft vorheizen. Die Kastenform mit Backpapier auskleiden. Für den Teig und das Topping 300 g Zucker in den füllen, **20 Sek.** | **Stufe 10** pulverisieren und umfüllen.

2 | Für den Teig Haselnüsse mit Mandeln in den geben, **15 Sek.** | **Stufe 10** mahlen und umfüllen. Ingwer in den geben, **3 Sek.** | **Stufe 8** zerkleinern und mit dem nach unten schieben. Karotten zufügen, **5 Sek.** | **Stufe 6** zerkleinern und erneut mit dem nach unten schieben.

3 | 200 g Puderzucker, die gemahlenen Nüsse sowie die übrigen Zutaten für den Teig zugeben und **25 Sek.** | **Stufe 5** vermengen. Den Teig in die Kastenform füllen, glatt streichen und ca. 55 Min. backen. Inzwischen den spülen.

4 | Kuchen aus dem Ofen nehmen und ca. 2 Std. abkühlen lassen. Anschließend aus der Form lösen und auf eine Kuchenplatte setzen. Für das Topping die Mandelblättchen in einer Pfanne ohne Fett goldbraun rösten, in eine Schüssel umfüllen und abkühlen lassen.

5 | Für das Frosting den übrigen Puderzucker, Mascarpone, Sahne sowie Kardamom in den geben und **40 Sek.** | **Stufe 4** vermengen. Das Frosting auf dem Karottenkuchen verstreichen, mit Mandelblättchen bestreuen und servieren.

Pekannusskuchen mit White-Chocolate-Frosting

01 | 00 std : min

PRO STÜCK: 472 KCAL | 10 G E | 34 G F | 33 G KH

ZZGL. 2 STD. RUHEZEIT

ZUTATEN FÜR 12 STÜCKE

FÜR DEN TEIG
- ★ **Butter zum Fetten der Form**
- ★ **200 g Zucker**
- ★ **125 g Mandeln**
- ★ **200 g Pekannüsse**
- ★ **6 Eier, getrennt**
- ★ **Salz**
- ★ **Abrieb von 1 unbehandelten Zitrone**
- ★ **Mark von 1 Vanilleschote**
- ★ **1 Msp. gemahlener Zimt**

FÜR DAS FROSTING
- ★ **100 g Zucker**
- ★ **100 g weiße Kuvertüre, in Stücken**
- ★ **100 g weiche Butter, in Stücken**
- ★ **125 g Frischkäse**
- ★ **1 TL Vanilleextrakt**

AUSSERDEM
- ★ **Springform (Ø 24 cm)**

1 | Den Backofen auf 180 °C Ober-/Unterhitze vorheizen. Den Boden einer Springform mit Backpapier auslegen und den Rand fetten.

2 | 300 g Zucker im **1 Min.** | **Stufe 10** pulverisieren und umfüllen. Mandeln mit 125 g Pekannüssen im **10 Sek.** | **Stufe 8** mahlen und umfüllen. Die übrigen Pekannüsse im **2 Sek.** | **Stufe 5** grob zerkleinern und umfüllen. Den gründlich spülen.

3 | Den Rühraufsatz in den fettfreien einsetzen. Eiweiße mit 1 Prise Meersalz zugeben, **2 Min.** | **Stufe 3** steif schlagen. Den Rühraufsatz entnehmen und den Eischnee umfüllen.

4 | 200 g Puderzucker, Eigelbe, Zitronenabrieb, Vanille sowie Zimt in den geben und **1 Min.** | **Stufe 3** vermengen. Mischung in eine große Schüssel umfüllen und die Pekannuss-Mandel-Mischung mit dem unterheben. Eischnee ebenfalls vorsichtig unterheben.

5 | Die Hälfte vom Teig in der Springform glatt streichen. Grob gehackte Nüsse daraufstreuen und übrigen Teig daraufgeben. Im Ofen ca. 35 Min. backen. Den und den Rühraufsatz spülen.

6 | Kuchen aus dem Ofen auf einem Gitter ca. 2 Std. vollständig abkühlen lassen. Lösen und auf eine Kuchenplatte setzen.

7 | Für das Frosting die Kuvertüre **6 Sek.** | **Stufe 8** grob hacken, **4 Min.** | **50 °C** | **Stufe 1** schmelzen und umfüllen.

8 | Den Rühraufsatz einsetzen, Butter zufügen und **3 Min.** | **Stufe 3** cremig rühren. 100 g Puderzucker zugeben, **3 Min.** | **Stufe 3** cremig schlagen und mit dem nach unten schieben. Schokolade, Frischkäse, Vanilleextrakt und 1 Prise Meersalz zufügen, **2 Min.** | **Stufe 3** weiterschlagen. Den Kuchen mit dem Frosting bestreichen.

Brownies mit Tahinfrosting

00 35 std : min

LOW CARB LOW FAT

PRO STÜCK: 384 KCAL | 6 G E | 29 G F | 27 G KH

ZZGL. 1 STD. 30 MIN. RUHEZEIT

ZUTATEN FÜR 16 STÜCKE

FÜR DEN TEIG
- ★ 150 g Butter, in Stücken, zzgl. etwas mehr zum Fetten
- ★ 75 g Haselnüsse
- ★ 300 g Zartbitterschokolade, in Stücken
- ★ 150 g Rohrohrzucker
- ★ 3 Eier
- ★ 20 g Kakaopulver
- ★ 2 TL Backpulver
- ★ Salz

FÜR DAS FROSTING
- ★ 75 g Zucker
- ★ 125 g weiche Butter, in Stücken
- ★ 175 g Frischkäse
- ★ 40 g Tahin

AUSSERDEM
- ★ Backform (ca. 25×25 cm)

1 | Den Backofen auf 180 °C Umluft vorheizen. Die Form am Boden mit Backpapier auslegen und am Rand fetten.

2 | Haselnüsse in den geben, **8 Sek.** | **Stufe 8** zerkleinern und umfüllen. Schokolade in den geben, **6 Sek.** | **Stufe 8** zerkleinern und mit dem nach unten schieben. Butter zufügen und **6 Min.** | **50 °C** | **Stufe 1** schmelzen lassen. Zucker sowie Eier zugeben und **30 Sek.** | **Stufe 4** vermengen.

3 | Haselnüsse, Kakao, Backpulver sowie 1 Prise Salz zufügen und **15 Sek.** | **Stufe 4** untermengen. Den Teig in die Form füllen, glatt streichen und im heißen Ofen ca. 15–20 Min. backen. Inzwischen den spülen.

4 | Den Kuchen aus dem Ofen nehmen, kurz abkühlen lassen, dann aus der Form heben und auf einem Kuchengitter ca. 1,5 Std. auskühlen lassen.

5 | Nach 1 Std. Ruhezeit für das Frosting den Zucker in den füllen und **10 Sek.** | **Stufe 10** pulverisieren. Puderzucker umfüllen. Butter im **3 Min.** | **50 °C** | **Stufe 2** schmelzen. Puderzucker zugeben und **10 Sek.** | **Stufe 4** verrühren.

6 | Frischkäse, Tahin und 1 Prise Salz zugeben, **30 Sek.** | **Stufe 4** vermengen und das Frosting ca. 30 Min. kalt stellen.

7 | Das Tahinfrosting auf dem ausgekühlten Kuchen verstreichen. Den Kuchen in Stücke schneiden und servieren.

Schoko-Walnuss-Kuchen mit Frischkäsefrosting

01 25 std : min

LOW CARB LOW FAT

PRO STÜCK: 754 KCAL | 10 G E | 58 G F | 50 G KH

ZZGL. 2 STD. RUHEZEIT

ZUTATEN FÜR 12 STÜCKE

FÜR DEN TEIG
- ★ 170 g Walnüsse zzgl. 3 EL zum Garnieren
- ★ 100 g Zartbitterkuvertüre, in Stücken
- ★ 250 g weiche Butter, in Stücken
- ★ 175 g brauner Zucker
- ★ 2 TL selbst gemachter Vanillezucker
- ★ 3 Eier
- ★ 75 g Stärke
- ★ 2 EL Kakaopulver
- ★ 1 Pck. Backpulver
- ★ Salz
- ★ 250 g Buttermilch
- ★ 100 g Apfelmus
- ★ 1 Birne, in ca. 1 cm großen Würfeln

FÜR DAS FROSTING UND TOPPING
- ★ 200 g Zucker
- ★ 200 g weiche Butter, in Stücken
- ★ 400 g Frischkäse
- ★ ½ TL gemahlener Zimt

AUSSERDEM
- ★ Springform (Ø 24 cm)

1 | Den Backofen auf 175 °C Ober-/Unterhitze vorheizen. Die Springform am Boden mit Backpapier auslegen. Walnüsse in den geben, **10 Sek.** | **Stufe 8** mahlen und umfüllen. Die Kuvertüre im **6 Sek.** | **Stufe 8** zerkleinern und mit dem nach unten schieben. Dann **3 Min.** | **45 °C** | **Stufe 1** schmelzen lassen und umfüllen.

2 | Den Rühraufsatz einsetzen. Butter, Zucker sowie Vanillezucker in den geben und **6 Min.** | **Stufe 3** verrühren. Dabei nach der Hälfte der Zeit den Messbecher entnehmen und die Eier nach und nach durch die Deckelöffnung zufügen.

3 | Die geschmolzene Kuvertüre in den füllen und **15 Sek.** | **Stufe 2,5** unterrühren. Den Rühraufsatz entnehmen. Gemahlene Walnüsse mit übrigen Zutaten für den Teig, bis auf die Birnen, in den geben und **20 Sek.** | **Stufe 4** vermengen. Teig in der Springform glatt streichen. Birnenwürfel darauf verteilen und leicht eindrücken.

4 | Den Kuchen im heißen Ofen ca. 1 Std. backen. Inzwischen den spülen. Anschließend Kuchen aus dem Ofen nehmen und auf einem Kuchengitter ca. 2 Std. vollständig abkühlen lassen.

5 | Für das Frosting Zucker in den geben und **10 Sek.** | **Stufe 10** pulverisieren. Butter zufügen und **3 Min.** | **Stufe 4** schaumig schlagen. Frischkäse mit Zimt zugeben und **10 Sek.** | **Stufe 4** unterheben. Das Frosting umfüllen und 30 Min. kalt stellen.

6 | Kuchen halbieren. Die Hälfte vom Frosting auf dem unteren Boden verstreichen, Kuchendeckel auflegen und mit übrigem Frosting bestreichen. Mit 3 EL gehackten Nüssen garniert servieren.

RATGEBER

FROSTINGS

Sie sind die perfekte Dekoration für alle Rührkuchen und Muffins. Hier findet ihr vier unserer Favoriten

TIPP
Wenn ein Frosting zu weich ist, stellt es für 30 Minuten kalt. So wird es wieder fester und formbarer.

Konfitüre-Frischkäse-Frosting

00 05 std : min

150 g Zucker in den geben und **10 Sek. | Stufe 10** pulverisieren. 200 g weiche Butter in Stücken zufügen und **3 Min. | Stufe 4** schaumig schlagen. 400 g Frischkäse und 50 g Fruchtaufstrich (z. B. Orangenmarmelade, Aprikosenkonfitüre oder Johannisbeergelee) zugeben und **10 Sek. | Stufe 4** unterheben. Das Frosting nach Belieben weiterverwenden.

>**PASST ZU** Nusskuchen wie dem Pekannusskuchen auf Seite 123.

Ahornsirup-frosting

00 05 std : min

115 g Zucker in den geben und **10 Sek. | Stufe 10** pulverisieren. 200 g weiche Butter in Stücken zugeben und **3 Min. | Stufe 4** schaumig schlagen. 400 g Frischkäse, 75 g Ahornsirup sowie 1 EL Zitronensaft zugeben und **10 Sek. | Stufe 4** unterheben. Das Frosting nach Belieben weiterverwenden.

>**PASST ZU** Kuchen, Muffins oder Cupcakes. Probiert es auch zu unserem Schoko-Walnuss-Kuchen, siehe linke Seite.

Ingwer-Ricotta-Frosting

00 05 std : min

30 g kandierten Ingwer in den geben und **2 Sek. | Turbo** zerkleinern. Mit dem nach unten schieben, 500 g Ricotta, 250 g Mascarpone, 70 g Honig sowie 1 Prise Salz zugeben und **1 Min. | Stufe 4** vermengen. Frosting nach Belieben weiterverwenden.

>**PASST ZU** Ingwer- oder Schokoladenkuchen oder unseren Brownies, siehe linke Seite.

Zitronenfrosting

00 05 std : min

150 g Zucker im **10 Sek. | Stufe 10** pulverisieren. 200 g weiche Butter in Stücken zufügen und **3 Min. | Stufe 4** schaumig schlagen. 400 g Frischkäse, Abrieb sowie Saft von 1 unbehandelten Zitrone zugeben und **10 Sek. | Stufe 4** unterheben. Frosting nach Belieben verwenden.

>**PASST ZU** Mandelkuchen oder unserem Karottenkuchen auf Seite 123.

Fotos: StockFood.com / Are Media (4) | Illustration: gettyimages.de / iStock / Getty Images Plus / GC402 (1)

BESSER ALS VOM Weihnachtsmarkt

Gebrannte Mandeln im Thermomix®? Klar!
Wie das geht und wie ihr ihnen noch ein unwiderstehliches Kokosaroma verpasst, zeigt Désirée hier

„Raffaello“-Mandeln

00 | 25 std : min

LOW CARB | LOW FAT

PRO 100 G: 533 KCAL | 13 G E | 36 G F | 40 G KH

ZUTATEN FÜR 350 G

- 200 g Mandeln
- 80 g brauner Zucker
- 10 g selbst gemachter Vanillezucker
- 10 g Butter
- 1 EL Wasser
- 100 g weiße Schokolade, in Stücken
- 50 g Kokosraspel
- 20 g Puderzucker

1 Mandeln, Zucker, Vanillezucker sowie Butter in den geben und **6 Min. | Varoma® | | Stufe 1** erhitzen. Das Wasser zufügen und weitere **8 Min. | Varoma® | | Stufe 1** erhitzen. Ein Blech mit Backpapier auslegen und den Backofen auf 160 °C Umluft vorheizen.

2 Die Mandeln auf dem vorbereiteten Backblech verteilen und etwa 12 Min. im Ofen backen. Den spülen und sehr gut abtrocknen.

3 Die Schokolade im **5 Sek. | Stufe 8** zerkleinern und mit dem nach unten schieben. **5 Min. | 50 °C | Stufe 2** schmelzen. Dann die gebrannten Mandeln **20 Sek. | | Stufe 2** unterrühren.

4 Kokosraspel mit Puderzucker in einer Schüssel mit Deckel vermischen. Die Schokomandeln zugeben. Mit dem Deckel verschließen und schütteln, bis die Mandeln mit Kokosraspeln umhüllt sind. Mandeln zurück auf das Backblech geben und abkühlen lassen.

> **HALTBARKEIT** Luftdicht und trocken gelagert bleiben die Mandeln bis zu einer Woche knackig.

> **TIPP** Für eine weihnachtliche Note noch ½ TL Zimt zur Zucker-Mischung geben.

Fotos: Désirée Peikert (1); Archiv (2) | Illustration: iStock/Getty Images Plus/T. A. McKay (1)

Desirée

YouTube-Moderatorin

Ich kenne den Thermomix® in- und auswendig. Und ich freue mich, wenn ich mein Wissen an euch weitergeben kann – für noch mehr Spaß beim Mixen!

GUT ZU WISSEN

✓ **Linkslauf, Linkslauf, Linkslauf!** Bei diesem Rezepte ist die Einstellung essenziell, damit ihr ganze Mandeln behaltet.

✓ **Keine Umluft-Einstellung?** Dann verwendet Ober-/Unterhitze bei 180 °C.

✓ **Ungeschälte Mandeln:** Wir verwenden sie, weil an ihnen der Zucker besser hält!

✓ **Trocknet den** vor dem Schokoladeschmelzen restlos. Am besten **2 Sek. | Turbo** nach dem Waschen einstellen, dann könnt ihr die letzten Tropfen abtrocknen.

✓ **Produkttipp:** Ich verwende hier zum Schütteln der Mandeln eine Schüssel der Serie „Margrethe“ von Rosti, die ihr in vielen Farben und Größen und auch mit Deckeln erhaltet. Mehr unter www.rosti-markenshop.de

✓ **Klassische Rezepte:** Schaut auf www.zaubertopf-club.de vorbei, hier findet ihr Anleitungen für ganz klassische gebrannte Mandeln.

✓ **Mehr Ideen:** Wie ihr aus gebrannten Mandeln Schokokonfekt herstellt, aus ihnen weihnachtlichen Aufstrich, cremigen Likör oder aromatisches Eis zubereitet, zeigen wir ebenfalls im ZauberTopf-Club!

Seht euch die YouTube-Folge zum Rezept an!

Scan mich

DER STAR DER TAFEL!

Weihnachtlicher Kirsch-Pie
Rezept siehe Seite 130

Ein Pie mit Star-Allüren? Ja! Aber Boden und Füllung sind so leicht im Thermomix® zubereitet, dass wir ihm die Bühne gern überlassen

Rezept: Isabel Prinz

ZARTER MÜRBETEIG UND MIT WINTERLICHEN GEWÜRZEN VERFEINERTE ROTE KIRSCHEN FÜR WAHRE STERNSTUNDEN

Weihnachtlicher Kirsch-Pie

01 | 00
std : min

PRO STÜCK: 482 KCAL | 5 G E | 22 G F | 65 G KH

PRO STÜCK MIT 1 KUGEL VANILLEEIS: 637 KCAL | 8 G E | 31 G F | 81 G KH

ZZGL. 1 STD. RUHEZEIT

ZUTATEN FÜR 8 STÜCKE

FÜR DEN TEIG
- **300 g Weizenmehl Type 405 zzgl. etwas mehr zum Bearbeiten**
- **200 g kalte Butter, in Stücken**
- **100 g Zucker**
- **1 Ei**
- **1 TL selbst gemachter Vanillezucker**
- **1 TL gemahlener Zimt**
- **1 Prise Salz**

FÜR DIE FÜLLUNG
- **680 g Sauerkirschen (Glas), mit Saft**
- **20 g Weihnachtszucker (siehe Rezept Seite 46)**
- **3 EL Stärke**
- **2 EL Rohrzucker**
- **1 TL gemahlener Zimt**

AUSSERDEM
- **Tarteform (Ø 24 cm)**
- **Stern-Ausstecher (Ø 5 cm)**

1 | Für den Teig alle Zutaten in den Mixtopf geben und **20 Sek. | Stufe 4** zu einem Mürbeteig verkneten. Anschließend den Teig zu einem flachen Riegel formen, in Frischhaltefolie wickeln und ca. 1 Std. kalt stellen. Den Mixtopf spülen.

2 | Für die Füllung Sauerkirschen mit Saft und Weihnachtszucker in den Mixtopf geben, **8 Min. | 100 °C | Linkslauf | Stufe 1** aufkochen. Inzwischen die Stärke mit etwas Wasser glatt rühren. Stärkegemisch durch die Deckelöffnung zugeben und **2 Min. | 100 °C | Linkslauf | Stufe 1** köcheln lassen.

3 | Den Backofen auf 180 °C Ober-/Unterhitze vorheizen. Den Mürbeteig aus dem Kühlschrank nehmen und drei Viertel des Teigs auf einer leicht bemehlten Arbeitsfläche ca. 0,5 cm dick ausrollen. Den Teig in die Tarteform legen, leicht andrücken und die überstehenden Enden entfernen. Den Teig mehrmals mit einer Gabel einstechen und die Kirschmasse darauf verteilen.

4 | Den restlichen Mürbeteig auf der bemehlten Arbeitsfläche 3–4 mm dünn ausrollen und Sterne ausstechen. Die Sterne überlappend auf der Füllung verteilen. Den Rohrzucker mit dem Zimt mischen und den Kuchen damit bestreuen. Den Kirsch-Pie im heißen Ofen 35–40 Min. backen. Aus dem Ofen nehmen und nach Belieben noch warm mit einer Kugel Vanilleeis oder kalt servieren

>LEICHT VARIIERT Anstelle der Weihnachtszuckers könnt ihr zum Würzen der Kirschfüllung auch Zimtzucker oder nur Vanillezucker verwenden. Anstelle von Sternen könnt ihr auch Herzen oder andere weihnachtliche Keksausstecher verwenden.

MÜRBETEIG

Für Plätzchen, Tartes und vieles mehr – so gelingt der einfache Teig garantiert

3 TIPPS FÜR PERFEKTE ERGEBNISSE

1 Kalte Butter Verwendet kalte Butter, die ihr vor dem Zugeben in den in Stücke schneidet. Die Butterstücke bleiben zum Teil sichtbar und sorgen für ein mürbes Ergebnis. Ist die Butter zu warm, klebt der Teig. Legt ihn dann nach dem Kneten einige Zeit in den Kühlschrank.

2 Nur kurz kneten Je länger ihr den Teig knetet, desto wärmer werden die Zutaten, desto klebriger wird der Teig. Gebt ihr jetzt mehr Mehl dazu, wird der Teig schnell sehr trocken und krümelig. Legt ihn besser nur zurück in den Kühlschrank.

3 Ruhen lassen Stellt den Teig nach dem Glattkneten für etwa 1 Stunde kalt, dadurch wird die Butter noch mal fester, der Teig lässt sich anschließend gut weiterverarbeiten. Unser Extra-Tipp für alle Mürbeteige: Formt ihn nach dem Durchkneten stets zu einem flachen Riegel, den ihr dann kalt stellt.

Basis REZEPT

Süßer Mürbeteig

Für 1 Portion Mürbeteig (600 g)
300 g Weizenmehl Type 405, 200 g kalte Butter in Stücken und 100 g Zucker im **30 Sek. | Stufe 4** verkneten. Auf eine leicht bemehlte Arbeitsfläche geben und mit den Händen erneut kurz durchkneten. Zu einem Riegel formen, in Folie wickeln und 1 Std. kalt stellen. Den Teig anschließend ca. 3 mm dick ausrollen und nach Belieben zu Plätzchen, Tartes oder Obstkuchen weiterverarbeiten. Plätzchen und Tartes bei 180 °C Ober-/Unterhitze etwa 10–15 Min. backen, gefüllte Tartes und belegte Kuchen ca. 30–45 Min.

EXTRA-ZUTATEN

EIER Eier im Teig dienen immer als Bindemittel und machen ihn schön geschmeidig. Bei klassischem Mürbeteig braucht ihr das nicht – die Ruhezeit im Kühlschrank sorgt für die entsprechende Bindung. Ihr könnt jedoch ein Ei hinzufügen, wenn ihr einen besonders lockeren Teig herstellen wollt.

BACKPULVER Mürbeteig wird in der Regel ganz ohne Backpulver gemacht – dadurch wird der Teig schön knusprig. Fügt ihr etwas Backpulver hinzu, wird das Ergebnis etwas lockerer und luftiger.

AROMEN Natürlich könnt ihr nach Belieben Aromen in euren Mürbeteig mischen! Stellt mit Kakaopulver einen Teig für Schokoplätzchen her oder verwendet etwas Zimtzucker für eine weihnachtliche Note. Auch Zitronen- und Orangenabrieb machen den Teig schön frisch und aromatisch. Am besten mischt ihr das Aroma unter das Mehl, dann verteilt es sich gleichmäßig.

RESTE EINFRIEREN

Wusstet ihr, dass ihr Mürbeteig einfrieren könnt? Schlagt dafür den flach zu einem Riegel gedrückten Teig in Frischhaltefolie ein und legt ihn ins Gefrierfach. Wollt ihr den Teig länger verwahren, gebt ihn am besten in eine gefrierfeste Dose oder einen Silikonbeutel, um ihn vor Frost zu schützen. Das Päckchen vor dem Einfrieren beschriften und mit einem Datum versehen. Der Teig hält sich so etwa 3 Monate. Bei Bedarf mehrere Stunden im Kühlschrank auftauen lassen und danach wie gewünscht verarbeiten.

PROBIERT'S MAL ...

... glutenfrei: das Mehl durch gemahlene Mandeln ersetzen. Schmeckt herrlich nussig!

... vollwertig: anstelle von Weizenmehl zu Vollkornmehl greifen. Perfekt für gesunde Kekse und Tartes mit nussigerem Geschmack!

... vegan: statt Butter einfach kalte Pflanzenmargarine verwenden. Schmeckt genauso lecker!

Fotos: Anna Gieseler (2); Kathrin Knoll (1); Archiv (1); StockFood.com / The Picture Pantry (1) | Illustration: Archiv (1)

Optische LECKERBISSEN

Sternförmige Apfelkissen, elegant servierte Desserts und perfekte Chocolate-Brookies

Rezepte: Vera Schubert

Apfelkissen

00 30 std : min

PRO STÜCK: 1140 KCAL | 14 G E | 61 G F | 136 G KH

ZZGL. 1 STD. RUHEZEIT

ZUTATEN FÜR 4 STÜCK

FÜR DEN TEIG
- ★ **150 g Zucker**
- ★ **125 g kalte Butter, in Stücken**
- ★ **250 g Weizenmehl Type 405 zzgl. etwas mehr zum Bearbeiten**
- ★ **1 Prise Salz**
- ★ **1 Ei**
- ★ **1 Eigelb zum Bestreichen**

FÜR DIE FÜLLUNG
- ★ **50 g getrocknete Cranberrys**
- ★ **2 EL Rum**
- ★ **80 g Haselnüsse**
- ★ **2 Äpfel, geviertelt und entkernt**
- ★ **Abrieb von ½ unbehandelten Zitrone zzgl. 1 EL Zitronensaft**
- ★ **30 g Zucker**
- ★ **1 EL Stärke**
- ★ **1 TL gemahlener Zimt**
- ★ **250 g Sahne**
- ★ **2 TL selbst gemachter Vanillezucker**
- ★ **1 EL Puderzucker**

AUSSERDEM
- ★ **große Ausstechförmchen mit Ø 16 cm, z.B. Ausstechform „Stern"**

1 | Für den Teig den Zucker in den Mixtopf geben und **15 Sek. | Stufe 10** pulverisieren. Die übrigen Zutaten zufügen und **30 Sek. | Stufe 4** zu einem glatten Teig verkneten. Zu einem Riegel formen, in Frischhaltefolie wickeln und etwa 1 Std. kalt stellen. Inzwischen den Mixtopf spülen.

2 | Für die Füllung die Cranberrys mit Rum in einem Schälchen vermengen und bis zur Verwendung ziehen lassen. Nüsse in den Mixtopf geben, **12 Sek. | Stufe 7** mahlen und umfüllen.

3 | Äpfel sowie Zitronenabrieb und -saft in den Mixtopf geben, **4 Sek. | Stufe 5** reiben. Haselnüsse, bis auf 2 EL, Cranberry-Mischung, Zucker, Stärke sowie Zimt zugeben und **10 Sek. | Linkslauf | Stufe 2,5** vermengen.

4 | Den Backofen auf 200 °C Ober-/Unterhitze vorheizen. Den Teig auf eine leicht bemehlte Arbeitsfläche geben und ca. 2 mm dick ausrollen. Die Backförmchen als Schablone auf den Teig auflegen und insgesamt 8 Sterne ausschneiden.

5 | Die Hälfte der Sterne in die Backförmchen legen und Mulden formen. Jede Mulde mit etwas gemahlenen Haselnüssen bestreuen und mit je ¼ der Füllung belegen. Teigränder mit etwas verquirltem Eigelb bestreichen, die übrigen Sterne auflegen und z. B. mit einer Gabel festdrücken. Mit übrigem Eigelb bestreichen und im heißen Ofen ca. 30 Min. backen. Den Mixtopf spülen.

6 | Die Sterne aus dem Ofen nehmen und etwas abkühlen lassen. Den Rühraufsatz einsetzen. Die Sahne und den Vanillezucker in den Mixtopf geben und ohne Zeiteinstellung **Stufe 3,5** unter Sichtkontakt steif schlagen. Den Rühraufsatz entnehmen und die Sahne umfüllen. Apfeltaschen mit etwas Puderzucker bestäuben und nach Belieben mit Sahne servieren.

>TIPP Die Apfelkissen könnt ihr auch ohne die Backförmchen zubereiten, verwendet dann entweder große Ausstecher (z. B. Stern, Herz oder Kreis), oder schneidet den Teig ganz einfach in Rechtecke. Wie im Rezept beschrieben befüllen, zweites Teigstück auflegen, Ränder zusammendrücken und auf mit Backpapier belegte Backbleche legen.

>ALTERNATIVEN Anstelle von Äpfeln und Rum könnt ihr auch Kirschen für Kirschtaschen oder Birnenstücke für Birnenkissen verwenden. Den Rum nach Belieben weglassen oder durch etwas Saft ersetzen, auch die Cranberrys sind kein Muss, setzen aber einen herrlich säuerlichen Akzent.

DIE STARS DES TAGES

Für knusprig gebackene Frucht-Taschen wie unsere Apfelkissen haben wir uns Hilfe geholt. Die kleinen „Stern"-Backförmchen dienen zunächst als Schablone, um große Sterne aus dem Teig auszuschneiden, anschließend backen wir die Teilchen direkt in den kleinen Blechen, da sie der feinen Teighüllen Extraknusper verleihen. Die Vertiefung in der Mitte sorgt dafür, dass die Füllung nicht herausgedrückt wird – umso mehr davon passt hinein! Die Förmchen können auch für Blätterteigteilchen verwendet werden, die später als Teller für eine Kugel Eis oder das Medaillon zum Festessen serviert werden. 4er-Set, 24,95 Euro, www.zaubertopf-shop.de

Fotos: Betty Bossi (2) | Illustration: gettyimages / DigitalVision Vectors / aleksandarvelasevic (1)

Einfacher Schokopudding mit Birnen

00 25 std : min

PRO PORTION: 330 KCAL | 5 G E | 20 G F | 32 G KH

ZUTATEN FÜR 4 GLÄSER À 180 ML

- **3 Blatt Gelatine**
- **80 g Bitterschokolade, in Stücken, zzgl. etwas mehr zum Garnieren**
- **350 g Milch**
- **20 g Zucker**
- **1 EL Stärke**
- **100 g Sahne**
- **410 g Birnen (Dose), abgetropft, in Würfeln**

AUSSERDEM

- **4 Dessertgläser, zum Beispiel Anrichtegläser „Magic“**

1 | Die Gelatine nach Packungsangabe in kaltem Wasser einweichen. Die Schokolade in den Mixtopf geben, **5 Sek. | Stufe 8** hacken und umfüllen.

2 | Den Rühraufsatz einsetzen. Milch, Zucker sowie Stärke in den Mixtopf geben und **6 Min. | 100 °C | Stufe 4** kochen. Den Pudding ohne Messbecher **5 Min. | Stufe 2** rühren.

3 | Die Zutaten weitere **5 Min. | Stufe 2** ohne Messbecher vermengen, erst die Schokolade, dann die ausgedrückte Gelatine durch die Deckelöffnung zugeben. Den Rühraufsatz entnehmen.

4 | Die Creme in die gekippten Gläser gießen und auskühlen lassen. Dann im Kühlschrank ca. 3 Std. fest werden lassen. Den Mixtopf spülen.

5 | Den Rühraufsatz einsetzen. Die Sahne in den Mixtopf füllen und **ohne Zeiteinstellung | Stufe 3,5** unter Sichtkontakt luftig aufschlagen. Den Rühraufsatz entnehmen und die Birnenwürfel mit dem Spatel unterheben. Auf dem Pudding verteilen und mit Schokoraspeln garniert servieren.

Schnelles Orangen-Tiramisu

00 30 std : min

PRO PORTION: 401 KCAL | 12 G E | 17 G F | 48 G KH

ZUTATEN FÜR 4 GLÄSER À 180 ML

- **200 g Löffelbiskuits**
- **150 g Espresso, abgekühlt**
- **100 g Mascarpone**
- **100 g Magerquark**
- **1 ½ EL Zucker**
- **2 unbehandelte Orangen, filetiert, zzgl. einige Zesten zum Garnieren**
- **2 EL Kakaopulver**

AUSSERDEM

- **4 Dessertgläser, zum Beispiel Anrichtegläser „Magic“**

1 | Die Löffelbiskuits in den Mixtopf geben und **4 Sek. | Stufe 5** zerkleinern. Espresso zufügen und die Zutaten **20 Sek. | Linkslauf | Stufe 3** vermengen. Die Masse in die gekippten Gläser verteilen, andrücken und kalt stellen. Den Mixtopf spülen.

2 | Mascarpone, Quark sowie Zucker in den Mixtopf geben und **20 Sek. | Stufe 3,5** vermengen. Die Orangenfilets mit dem Spatel unter die Mascarponemasse mischen. Auf der Biskuitmasse verteilen, Kakaopulver darüberstäuben und mit einigen Orangenzesten garniert servieren.

>TIPP Dieses Tiramisu ist blitzschnell zubereitet, eignet sich daher toll für ein stressfreies Weihnachtsmenü. Wer mag, kann anstelle der Orangenfilets auch anderes Obst wie Himbeeren oder Blaubeeren verwenden.

Schichtweise SÜßE MAGIE

Orangen-Tiramisu

Schokopudding mit Birnen

DESSERT MIT WOW-EFFEKT

Um Schichtdesserts als echte Hingucker zu servieren, machen es euch die „Magic"-Dessertgläser einfach. Sie haben zwei Böden, so dass ihr „bei Schräglage" ins schief gestellte Glas die erste Schicht eures Desserts füllen könnt. Lasst diese so fest werden und füllt dann bei aufrecht gestelltem Glas die zweite Schicht hinein. Der Effekt, der dabei entsteht, sorgt für Staunen beim Dinner. Die hübschen Gläschen für 180 ml pro Glas erhaltet ihr im 4er-Set für 23,90 Euro unter www.zaubertopf-shop.de

Fotos: Betty Bossi (2)

QUADRATISCH UND GUT

Für nahezu alle Brownie-Rezepte braucht ihr eine quadratische Form, die kleiner ist als ein Backblech aus dem Ofen. Der Teig trocknet auf kleinerer Fläche nicht so schnell durch. Denn das Ziel ist ja eine besonders saftige Krume. Auf dem hochwertigen weißen Keramikboden dieser speziellen Backform könnt ihr den Kuchen anschließend auch in Würfel schneiden, ohne die Oberfläche zu zerkratzen. Die Platte ist auch hübsch und kann zum Servieren verwendet werden. Ein Kunststoffdeckel hält das Gebäck frisch! 39,95 Euro, www.zaubertopf-shop.de

Triple-Chocolate-Brookie

00:30 std : min

CARB FAT

PRO STÜCK: 236 KCAL | 4 G E | 13 G F | 25 G KH

ZUTATEN FÜR 20 STÜCKE

FÜR DEN BROWNIE
- ★ **100 g Pekannüsse**
- ★ **100 g Zartbitterschokolade, in Stücken**
- ★ **50 g Butter in Stücken**
- ★ **80 g Zucker**
- ★ **2 Eier**
- ★ **Salz**
- ★ **70 g Weizenmehl Type 405**
- ★ **150 g „Oreo"-Kekse**

FÜR DIE STREUSEL
- ★ **150 g Weizenmehl Type 405**
- ★ **75 g kalte Butter, in Stücken**
- ★ **50 g Zucker**
- ★ **50 g brauner Zucker**
- ★ **20 g Kakaopulver**
- ★ **¼ TL Backpulver**
- ★ **¼ TL Natron**
- ★ **1 Ei**

AUSSERDEM
- ★ **quadratische Brownie-Backform (siehe auch Tipp)**

1 Den Backofen auf 180 °C Ober-/Unterhitze vorheizen. Die Backform mit Backpapier auskleiden.

2 Für den Brownie die Pekannüsse im [Mixtopf] **3 Sek. | Stufe 5** zerkleinern und umfüllen. Die Schokolade in den [Mixtopf] geben, **8 Sek. | Stufe 8** zerkleinern und mit dem [Spatel] nach unten schieben.

3 Butter mit Zucker zufügen und **6 Min. | 50 °C | Stufe 2** schmelzen lassen. Eier sowie 1 Prise Salz zugeben und **15 Sek. | Stufe 4** vermengen. Mehl mit Pekannüssen zugeben und **15 Sek. | Stufe 4** verrühren. Den Brownie-Teig in die vorbereitete Form füllen und die Kekse darauflegen.

4 Für die Streusel alle Zutaten mit 2 Prisen Salz in den [Mixtopf] geben und **15 Sek. | Stufe 5** vermengen. Den Teig in Streuseln auf den Keksen verteilen und den Brookie im heißen Ofen ca. 25 Min. backen, der Brookie muss innen noch feucht sein. Herausnehmen und in der Form auskühlen lassen. Brookie in Stücke schneiden und servieren.

>SCHOKO-SCHOCK Triple Chocolate heißt „Dreifach-Schokolade" – denn dieser Brownie enthält Zartbitterschokolade, „Oreo"-Kekse sowie Kakao – also ein echter Schoko-Kick für Liebhaber. Der Name Brookie ist eine Zusammensetzung aus Brownie und Cookie, denn der Brownieteig enthält Keksstücke (die ihr übrigens auch durch andere Lieblingskekse wie Kipferl, Zimtsterne oder Spekulatius ersetzen könntet). Die saftigen kleinen Würfelchen könnt ihr in kleinen Papiertüten oder Gebäckschachteln auch wie Kuchenkonfekt verschenken.

Fotos: Betty Bossi (2)

Plätzchen ohne Zucker

Zucker frei!

Ihr möchtet ohne Reue naschen?
Wir backen beliebte Plätzchen mit natürlicher Süße
wie Birkenzucker, Stevia und mehr

Rezepte: Vera Schubert

Kokos-Kipferl mit Xylit
Rezept auf Seite 142

Nusssterne mit Erythrit
Rezept auf Seite 142

Spritzgebäck mit Stevia
Rezept auf Seite 142

Fotos: StockFood.com / Klambt Style-Verlag / Julia Hoersch (2) | Illustrationen: gettyimages.de / DigitalVision Vectors / KaanC (1)

Für das karamellige Aroma der knusprigen Schmalznüsse sorgt Kokosblütenzucker

Schmalznüsse mit Kokosblütenzucker
Rezept auf Seite 143

Fotos: StockFood.com / Klambt Style-Verlag / Julia Hoersch (2)

Mehr süße Plätzcheninspiration gibt's hier:
WWW.INSTAGRAM.COM/ZAUBERTOPF.DE

Nusssterne mit Erythrit

00 | 50 std : min

LOW CARB LOW FAT

PRO STÜCK: 64 KCAL | 2 G E | 6 G F | 1 G KH

ZZGL. 30 MIN. RUHEZEIT

ZUTATEN FÜR 50 STÜCK

- **250 g blanchierte Mandeln**
- **100 g geröstete und geschälte Haselnüsse**
- **80 g Erythrit**
- **60 g weiche Butter, in Stücken**
- **1 Ei zzgl. 1 verquirltes Eigelb**
- **1 Prise Salz**
- **50 g Mandelblättchen**

AUSSERDEM
- **Stern-Ausstecher**

1 | Mandeln in den geben, **10 Sek. | Stufe 7** mahlen und umfüllen. Haselnüsse sowie Erythrit in den geben und ebenfalls **10 Sek. | Stufe 7** mahlen.

2 | 200 g gemahlene Mandeln, Butter, 1 Ei sowie Salz zufügen und **20 Sek. | Stufe 5** verkneten. Den Teig zu einem Riegel formen, in Frischhaltefolie wickeln und anschließend ca. 30 Min. kalt stellen.

3 | Den Backofen auf 175 °C Ober-/Unterhitze vorheizen. Zwei Backbleche mit Backpapier auslegen.

4 | Eine Backmatte mit etwas gemahlenen Mandeln bestreuen und den Teig portionsweise ca. 4–5 mm dick ausrollen. Sterne ausstechen und vorsichtig auf das Backblech heben. Mit Eigelb bestreichen und mit Mandelblättchen bestreuen, dann ca. 10 Min. golden backen.

5 | Die Teigreste mit dem übrigen Teig verkneten und die Sterne auf dem zweiten Backblech verteilen. So weiterverfahren, bis der Teig komplett verbraucht ist.

6 | Die Nusssterne auf einem Gitter vollständig abkühlen lassen, dann servieren.

>TIPP Dieser Teig eignet sich auch, um ihn nach dem Ausrollen mit einem speziellen Nudelholz zu prägen, dann sehen die Plätzchen auch ohne Mandelblättchen besonders aus!

Kokos-Kipferl mit Xylit

01 | 00 std : min

LOW CARB LOW FAT

PRO STÜCK: 67 KCAL | 1 G E | 5 G F | 7 G KH

ZZGL. 30 MIN. RUHEZEIT

ZUTATEN FÜR 60 STÜCK

- **200 g Xylit**
- **Mark von ½ Vanilleschote**
- **75 g Kokosflocken**
- **300 g Weizenmehl Type 405 zzgl. etwas mehr zum Bearbeiten**
- **250 g Butter in Stücken**
- **2 Eigelb**

1 | Xylit mit Vanillemark in den geben, **20 Sek. | Stufe 10** pulverisieren und umfüllen. Kokosflocken in den geben und **15 Sek. | Stufe 10** mahlen.

2 | Mehl, Butter, Eigelbe und 75 g Xylit-Vanille-Puderzucker in den geben, **20 Sek. | Stufe 4** mischen. Den Teig in eine Schüssel geben und abgedeckt ca. 30 Min. kalt stellen.

3 | Ofen auf 180 °C Ober-/Unterhitze vorheizen. Zwei Backbleche mit Backpapier auslegen.

4 | Den Teig in 4 Portionen teilen. Die Teigportionen nacheinander auf einer leicht bemehlten Arbeitsfläche zu fingerdicken Rollen formen, in ca. 3 cm große Stücke schneiden und Kipferl daraus formen. Kipferl auf ein Backblech legen und im heißen Ofen unter Sichtkontakt ca. 10 Min. backen. Inzwischen weitere Kipferl formen und auf das zweite Backblech legen.

5 | Die Kipferl blechweise aus dem Ofen nehmen und ca. 10 Min. auskühlen lassen. Den übrigen Xylit-Vanille-Puderzucker in eine flache Schale füllen, die fertigen Kipferl noch warm in der Mischung wälzen und abkühlen lassen.

>ZUCKERFREIER VANILLEZUCKER
In Schritt 1 stellen wir Xylit-Vanillezucker her – das funktioniert genau wie bei herkömmlichem Zucker: Vanille und Xylit werden im Thermomix® pulverisiert. Möchtet ihr Vanillezucker vorbereiten, dann pulverisiert immer in 200-g-Schritten und füllt das Pulver anschließend in ein trockenes Schraubglas. So habt ihr zuckerfreien Vanillezucker für all eure Rezepte auf Vorrat.

Spritzgebäck mit Stevia

01 | 00 std : min

LOW CARB LOW FAT

PRO STÜCK: 114 KCAL | 2 G E | 8 G F | 9 G KH

ZZGL. 1 STD. RUHEZEIT

ZUTATEN FÜR 30 STÜCK

- **220 g weiche Butter, in Stücken**
- **100 g Erythrit-Stevia-Mix (Fertigprodukt)**
- **1 TL Zitronenabrieb**
- **1 Prise Salz**
- **2 Eigelb**
- **300 g Weizenmehl Type 550**
- **50 g zuckerfreier Fruchtaufstrich (siehe Tipp)**
- **100 g zuckerfreie Zartbitterschokolade (z. B. Dattelschokolade), in Stücken (siehe Tipp)**

AUSSERDEM
- **Spritzbeutel mit Sterntülle**

1 | Den Ofen auf 180 °C Umluft vorheizen. Zwei Backbleche mit Backpapier auslegen. Butter, Erythrit-Stevia-Mix, Abrieb, Salz und Eigelbe im **1 Min. | Stufe 4** schaumig schlagen.

2 | Mehl zugeben und **20 Sek. | Stufe 4** vermengen. In einen Spritzbeutel mit Sterntülle füllen und 60 kleine Tupfen mit etwas Abstand zueinander auf die Bleche spritzen. Das Spritzgebäck im heißen Ofen 12–15 Min. goldgelb backen. Anschließend auf dem Backblech ca. 1 Std. abkühlen lassen. Den spülen.

3 | Die Hälfte der Tupfen mit etwas Fruchtaufstrich bestreichen und mit einem weiteren Tupfen belegen.

4 | Schokolade im für **6 Sek. | Stufe 8** zerkleinern, mit dem nach unten schieben und **3 Min. | 50 °C | Stufe 2** schmelzen. Das Spritzgebäck zur Hälfte eintunken, aushärten lassen und servieren.

>TIPP Für zuckerfreie Fruchtaufstriche wird anstelle von Zucker oft Erythrit oder Xylit verwendet. Wer selbst Fruchtaufstriche herstellen möchte, kann Gelierzucker aus Zuckeralternativen verwenden. Zuckerfreie Schokolade mit Erythrit, Kokosblütenzucker oder Datteln gibt's im Reformhaus oder Bioladen.

Ich möchte gern weniger Zucker verwenden, aber nicht vollständig auf Süßes verzichten. Am besten gefällt es mir, wenn ich Klassiker cleverer zubereiten kann, so behält der bunte Teller all meine Lieblinge

Mandel-Elisen ohne Zucker

00 | 45 std : min

LOW CARB · LOW FAT

PRO STÜCK: 133 KCAL | 5 G E | 10 G F | 8 G KH

ZUTATEN FÜR 30 STÜCK

- ★ 400 g blanchierte Mandeln zzgl. 30 halbierte Mandeln zum Garnieren
- ★ 50 g Walnüsse
- ★ 100 g getrocknete Datteln
- ★ 50 g getrocknete Aprikosen
- ★ 40 g Mandelmus
- ★ 2 Eier
- ★ 2 EL Rum (alternativ 4 Tropfen Rumaroma)
- ★ Abrieb und Saft von 1 unbehandelten Zitrone
- ★ Abrieb und Saft von 1 unbehandelten Orange
- ★ 2 TL Lebkuchengewürz
- ★ 1 TL Backpulver
- ★ 1 Prise Salz
- ★ 30 Backoblaten (Ø 70 mm)

1 | Den Backofen auf 170 °C Ober-/Unterhitze vorheizen. Ein Backblech mit Backpapier auslegen. Mandeln und Walnüsse auf dem Backblech verteilen und im heißen Ofen ca. 8 Min. rösten, bis sie anfangen zu duften. Anschließend aus dem Ofen nehmen und abkühlen lassen.

2 | Die Hälfte der Nussmischung in den geben, **10 Sek. | Stufe 7** mahlen und umfüllen. Übrige Nussmischung ebenso mahlen und umfüllen.

3 | Datteln mit Aprikosen in den geben und **5 Sek. | Stufe 6** zerkleinern. Mit dem nach unten schieben, Mandelmus, Eier, Rum, Zitronen- und Orangenabrieb sowie -saft zufügen und **2 Min. | Stufe 5** aufschlagen.

4 | Übrige Zutaten, bis auf die Oblaten, in den geben und **1 Min. |** vermengen. Den Backofen auf 170 °C Ober-/Unterhitze vorheizen.

5 | Die Lebkuchenmasse löffelweise auf den Oblaten verteilen und mit angefeuchteten Löffeln glatt streichen. Die Lebkuchen auf dem Backblech verteilen und mit blanchierten Mandeln garnieren. Im heißen Backofen ca. 15 Min. backen, dann herausnehmen und abkühlen lassen.

Engelsaugen mit Dattelsüße

00 | 35 std : min

LOW CARB · LOW FAT

PRO STÜCK: 101 KCAL | 3 G E | 7 G F | 8 G KH

ZZGL. 1 STD. 15 MIN. RUHEZEIT

ZUTATEN FÜR 30 STÜCK

- ★ 250 g Mandeln
- ★ 125 g Mandelmus
- ★ 80 g Dattelsüße
- ★ 60 g Stärke
- ★ 40 g kaltes Wasser
- ★ 40 g Ahornsirup
- ★ 2 TL Backpulver
- ★ 150 g zuckerfreier Fruchtaufstrich (z.B. Himbeere oder Kirsche)

1 | Die Mandeln in den geben und **12 Sek. | Stufe 7** fein mahlen. Die übrigen Zutaten, bis auf den Aufstrich, zugeben und **20 Sek. | Stufe 5** verkneten. Wenn der Teig zu trocken ist, etwas mehr Wasser zugeben.

2 | Den Teig auf eine Backmatte geben, zu einer Kugel formen und ca. 15 Min. abgedeckt ruhen lassen. Anschließend die Konsistenz überprüfen, der Teig sollte sich gut formen lassen, ohne zu kleben. Ggf. etwas mehr Stärke unterkneten.

3 | Den Teig zu 30 Kugeln formen, mit dem Stiel eines Holzlöffels eine Vertiefung in die Kugeln drücken und mit je ½ TL Fruchtaufstrich füllen. Die Engelsaugen ca. 1 Std. kalt stellen.

4 | Den Backofen auf 170 °C Ober-/Unterhitze vorheizen. Ein Backblech mit Backpapier auslegen und die Engelsaugen darauf verteilen. Im heißen Ofen 10–15 Min. goldbraun backen. Dann aus dem Ofen nehmen, abkühlen lassen und servieren.

Schmalznüsse mit Kokosblütenzucker

01 | 00 std : min

LOW CARB · LOW FAT

PRO STÜCK: 97 KCAL | 1 G E | 5 G F | 13 G KH

ZUTATEN FÜR 50 STÜCK

- ★ 500 g Weizenmehl Type 405 zzgl. etwas mehr zum Bearbeiten
- ★ 250 g Kokosblütenzucker
- ★ 125 g Schweineschmalz, in Stücken
- ★ 125 g Butter, in Stücken
- ★ 2 TL Hirschhornsalz
- ★ Mark von ½ Vanilleschote
- ★ 1 EL Kakaopulver

1 | Alle Zutaten, bis auf das Kakaopulver, in den geben und **3 Min. |** verkneten.

2 | Die Hälfte vom Teig umfüllen und beiseitestellen. Den Kakao in den geben und mit dem übrigen Teig erneut **1 Min. |** verkneten.

3 | Den Backofen auf 160 °C Umluft vorheizen. Zwei Backbleche mit Backpapier auslegen.

4 | Auf einer leicht bemehlten Arbeitsfläche aus dem hellen und dem dunklen Teig jeweils Rollen formen. Davon je 25 walnussgroße Stücke abnehmen, rund formen und auf den Blechen verteilen, dabei die Hände ggf. mit Mehl bestäuben. Im heißen Ofen ca. 20 Min. backen, dann vollständig auskühlen lassen.

>INFO Schmalznüsse sind ein echter norddeutscher Klassiker und werden, wie der Name schon sagt, traditionell mit Schweineschmalz zubereitet. Lagert das Gebäck am besten nach dem Abkühlen in einer Blechdose und lasst es einige Tage ruhen. Die Geduld zahlt sich hierbei aus und ihr werdet mit besonders köstlichem mürbem Gebäck belohnt.

Foto: Archiv (1)

RATGEBER

ZUCKER-CHECK

Wie sich die beliebtesten Alternativen unterscheiden und welche Produkte wir empfehlen können

Ahornsirup

Der Saft der Zuckerahornbäume Kanadas besticht mit seinem unvergleichlichen Aroma. Seine Süßkraft ist stärker als die von Haushaltszucker, zudem enthält er noch einige Mineralstoffe wie Eisen und Kalzium. Unser Favorit: Bio-Ahornsirup, 250 ml ca. 5 Euro, erhältlich bei Rossmann.

✓ **GEEIGNET FÜR** Kuchen, Muffins und Kekse. Außerdem passt der Sirup toll zu Desserts und Getränken.

✓ **DOSIERUNG** Als grobe Faustregel gilt 75 g Ahornsirup ersetzten etwa 100 g Haushaltszucker. Wenn ihr Zucker vollständig durch Sirup ersetzt, kann es sein, dass der Teig flüssiger wird. Reduziert deshalb zunächst die anderen Flüssigkeiten wie Wasser oder Milch im Rezept und gebt sie nach und nach dazu.

✓ **GESCHMACK** Dunkler Ahornsirup hat ein tolles karamellähnliches, mild-herbes Aroma und beeinflusst den Geschmack der Speise maßgeblich. Je heller die Farbe des Sirups, desto milder schmeckt er.

Dattelsüße

Diese Streusüße besteht lediglich aus getrockneten und fein vermahlenen Datteln. Dattelzucker hat eine dezentere Süßkraft als herkömmlicher Zucker. Im Gegensatz zu Dattelsirup und Dattelpasten ähnelt die Dattelsüße der Konsistenz von Zucker und kann einfach gestreut werden. Unser Favorit: Dattelsüße von Rapunzel, 250 g ca. 4 Euro, erhältlich im Bioladen oder online.

✓ **GEEIGNET FÜR** Den natürlichen Ersatz könnt ihr gut zum Backen von Plätzchen und Kuchen verwenden. Für Getränke ist das feine Dattelpulver nicht optimal, denn es löst sich in Flüssigkeit nicht gut auf.

✓ **DOSIERUNG** Ihr könnt die Süße einfach 1 : 1 austauschen.

✓ **GESCHMACK** Die feine Karamellnote von Dattelsüße passt besonders gut zu süßen Backwaren wie Plätzchen oder Kuchen. Auch Obstsalat oder Dessert verfeinert sie.

Erythrit

Der kalorienfreie Zuckerersatz wird aus Mais- oder Weizenstärke gewonnen. Im Vergleich hat er nur rund 70 Prozent der Süßkraft von Zucker. Er wirkt sich nicht auf den Blutzucker- oder Insulinspiegel aus. Bei zu hohem Konsum kann es aber zu Verdauungsbeschwerden kommen, deshalb: Das Süßmittel in nicht zu großen Mengen naschen. Unser Favorit: Erythrit von Borchers, 400 g ca. 6 Euro, erhältlich im Supermarkt oder online.

✓ **GEEIGNET FÜR** Erythrit eignet sich zum Süßen von Backwaren und Desserts. Der Zuckerersatz ist jedoch nicht gut löslich in kalten Getränken.

✓ **DOSIERUNG** Aufgrund der geringeren Süßkraft nehmt ihr 1,3-mal so viel von der Streusüße wie von Zucker, also 130 g statt 100 g Zucker.

✓ **GESCHMACK** Eryhtrit hat einen leicht metallischen Nachgeschmack. Es bleibt ein kühlender Effekt auf der Zunge zurück.

Kokosblütenzucker

Der aus den Blüten der Kokospalme gewonnene zuckerhaltige Saft wird aufgrund seines Anteils an Mineralien und Ballaststoffen gerne in der Vollwertküche verwendet. Kokosblütenzucker enthält mehr Nährstoffe als raffinierter bzw. Haushaltszucker, ist genauso kalorienreich, hat dafür aber einen niedrigeren glykämischen Index. Das bedeutet, dass seine Auswirkungen auf den Blutzuckerspiegel im Vergleich zum Klassiker nur gering sind. Unser Favorit: Bio-Kokosblütenzucker, 250 g ca. 4 Euro, erhältlich bei dm.

✓ **GEEIGNET FÜR** Zum Backen, Kochen oder zum Süßen von Getränken und Dessert – das Süßungsmittel ist ein Multitalent.

✓ **DOSIERUNG** Das ist ganz einfach: Herkömmlichen Zucker könnt ihr 1 : 1 durch Kokosblütenzucker ersetzen.

✓ **GESCHMACK** Kokosblütenzucker punktet durch sein leichtes Karamellaroma.

Trockenfrüchte

Getrocknete Aprikosen, Ananas oder auch Pflaumen stellen einen natürlichen Ersatz für raffinierten Zucker dar. Die Früchte sind schonend getrocknet, sodass ihre Vitamine und Mineralstoffe erhalten bleiben. Unser Favorit: Früchte-Mix von Seeberger, 200 g ca. 3 Euro, erhältlich im Supermarkt oder in der Drogerie.

✓ **GEEIGNET FÜR** Sie eignen sich nicht in allen Rezepten als Zuckerersatz, da sie die Konsistenz von Kuchen und Gebäck verändern können. Für klebrigen Lebkuchenteig oder Muffins sind sie jedoch perfekt.

✓ **DOSIERUNG** Verwendet anstelle von 100 g Haushaltszucker je 75 g Früchte.

✓ **GESCHMACK** Fruchtige Süße mit einem harmonischen und ausgewogenen Geschmack.

Xylit/Birkenzucker

Als Zuckerersatzstoff ist Xylit, auch Birkenzucker genannt, sehr beliebt. Im Vergleich zu Raffinade enthält er mit 240 kcal auf 100 Gramm rund 40 Prozent weniger Kalorien und auch sein Gehalt an Kohlenhydraten ist um rund 75 Prozent geringer. Der Zuckerersatzstoff ist für Diabetiker geeignet. Kann bei übermäßigem Verzehr aber abführend wirken. Unser Favorit: Birkenzucker von Borchers, 300 g ca. 6 Euro, erhältlich im Supermarkt.

✓ **GEEIGNET FÜR** Ideal zum Backen, zum Süßen von Getränken, Marmeladen und Desserts.

✓ **DOSIERUNG** Ihr könnt Birkenzucker 1 : 1 anstelle von Raffinade verwenden, da seine Süßkraft sehr ähnlich ist.

✓ **GESCHMACK** Wie Zucker weist auch dieser Ersatz keine anderen Nuancen im Aroma auf, sodass ihr ihn in fertigen Speisen nicht herausschmecken könnt.

Stevia

Der natürliche Süßstoff wird aus den Blättern der Stevia-Pflanze hergestellt. Zur besseren Dosierbarkeit werden Stevia noch Trägerstoffe zugesetzt. Wichtig: Stevia bräunt nicht so stark wie Zucker und hat je nach Produkt viel weniger Volumen. Unser Favorit: Stevia von Borchers, 300 g ca. 6 Euro, im Supermarkt erhältlich.

✓ **GEEIGNET FÜR** Zum Backen, Kochen sowie für Getränke eignet sich vor allem kristalline Streusüße oder Steviosid-Extrakt in Pulverform. Es hält Temperaturen von bis zu 200 °C stand, ist wasserlöslich und geruchlos.

✓ **DOSIERUNG** 1 TL Steviosid-Extrakt (6 g) ersetzt 200 g Haushaltszucker. Unseren Favoriten könnt ihr 1:1 verwenden. Beachtet die jeweilige Empfehlung auf der Verpackung, denn sie variieren sehr!

✓ **GESCHMACK** Stevia hat eine leicht lakritzartige, manchmal bittere Note.

WAS BEDEUTET EIGENTLICH ZUCKERFREI GENIESSEN?

Beim Backen spielt die Süße eine große Rolle. Nicht nur für den Geschmack, sondern ebenso für die Konsistenz des Teigs und damit für das Gelingen der Nascherei. Für uns bedeutet zuckerfrei erst einmal „frei von raffiniertem Zucker", also ohne den klassischen Haushaltszucker, denn davon essen wir meist alle viel zu viel. Weil wir uns in der Weihnachtszeit Süßes gönnen möchten, verwenden wir die auf diese Seite vorgestellten alternativen Süßungsmittel. Probiert sie am besten einmal aus und findet eure persönlichen Favoriten.

Fotos: Rossmann (1); Rapunzel (1); bbf Borchers (3); dm (1); Seeberger (1) | Illustrationen: gettyimages.de / iStock / Getty Images Plus / Liliya Shlapak (1), Volodymyr Kryshtal (1); DigitalVision Vectors / ulimi (1)

DAS JAHRES-KOMBI-ABO INKL. E-PAPER

8 AUSGABEN + E-PAPER UND PRÄMIE NACH WAHL

8 AUSGABEN NUR 48,90 €

PLUS PRÄMIE*

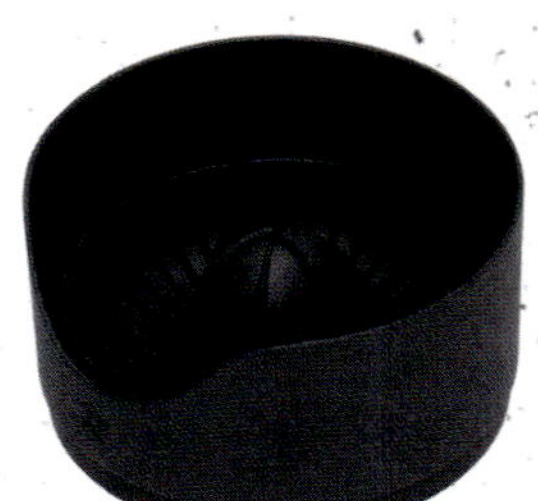

SIMSAFIX® DAMPFENTSAFTER

Der Einsatz entsaftet Obst mühelos. In den Mixtopf einhängen, Obst in den Varoma® geben, Dämpfen starten. Den Saft fängt der Simsafix® auf. Für TM6, TM5® und TM31!

Zuzahlung 5 Euro, ~~24,95~~ Euro
Prämien-ID: F1492

WUNDERJUICER®

Mit der Saftpresse für den Thermomix® gibt's ab jetzt jeden Morgen frischen Fruchtsaft. Der Aufsatz presst Limetten, Orangen, Zitronen und Grapefruits aus.

Zuzahlung 12 Euro, ~~39,95~~ Euro,
Prämien-ID: F1506

ROCHEN®

Mit nur drei Abwärtsbewegungen schiebt der neue Abstreif-Spatel Zwiebel, Knoblauch und Kräuter sowie Schokolade oder Puderzucker im Mixtopf nach unten.

Ohne Zuzahlung, ~~16,95~~ Euro
Prämien-ID: F1507

JETZT BESTELLEN UNTER:
WWW.ZAUBERTOPF.DE/PRAEMIENABO

Bestellnummer: MZPLUS19

* Alle Prämien erhältlich, nur solange der Vorrat reicht. Originalprodukt kann von Abbildung abweichen.

Fotos: iStock / Getty Images Plus / jakkapan21 (1), LeszekCzerwonka (1), DebbiSmirnoff (1); Archiv

LIEBLINGE DER ADVENTSZEIT

Spekulatius-Stollen, Mohnstollen, feines Konfekt und saftiges Früchtebrot – welches ist euer Favorit unserer modernen Interpretationen?

Rezepte: Lukas Lotzing

Mohnstollen
Rezept auf Seite 154

Veganer Mandelstollen mit Cranberrys

01 15 std : min

LOW CARB LOW FAT

PRO SCHEIBE: 411 KCAL | 7 G E | 25 G F | 40 G KH

ZZGL. 10 STD. RUHEZEIT

ZUTATEN FÜR 1 STOLLEN À 16 SCHEIBEN

- 250 g Mandeln
- 180 g Cranberrys
- 40 g Wasser
- 60 g Rum
- 200 g Mandeldrink
- 60 g Zucker
- 2 TL selbst gemachter Vanillezucker
- 40 g frische Hefe
- 350 g Weizenmehl Type 405 zzgl. etwas mehr zum Bearbeiten
- 2 EL Mandelmus
- 1 Prise Salz
- 300 g weiche Margarine, in Stücken
- 2–3 Tropfen Bittermandel-Aroma
- Abrieb von 1 unbehandelten Zitrone
- 2 TL Stollengewürz (siehe Basisrezept Seite 158)
- 75 g Puderzucker

1 | 200 g Mandeln in den geben, **10 Sek.** | **Stufe 7** mahlen und umfüllen. Die restlichen Mandeln **5 Sek.** | **Stufe 6** hacken. Cranberrys, Wasser und Rum in den geben und **30 Sek.** | | **Stufe 3** vermischen. Umfüllen und zugedeckt über Nacht ziehen lassen.

2 | Am nächsten Tag Mandeldrink, Zucker, Vanillezucker sowie Hefe in den geben und **3 Min.** | **37 °C** | **Stufe 2** erwärmen. Mehl, gemahlene Mandeln, Mandelmus, Salz sowie 200 g Margarine zufügen und **3 Min.** | zu einem Teig verarbeiten. Die Cranberrymischung abtropfen lassen, mit Bittermandel-Aroma, Zitronenschale sowie Stollengewürz zugeben und mithilfe des **2 Min.** | weiterkneten. Den Teig umfüllen und abgedeckt an einem warmen Ort 45 Min. gehen lassen.

3 | Ein Backblech mit Backpapier auslegen. Den Teig auf einer bemehlten Arbeitsfläche durchkneten und zu einem länglichen Laib formen. Diesen mit dem Nudelholz in der Mitte durch leichtes Hin-und-Herrollen etwas eindrücken, die eine Teighälfte über die andere schlagen, sodass diese nicht ganz überdeckt wird.

4 | Eine Mulde in den Teig formen und den Stollen so in die typische Form bringen. Auf das Blech legen. Den Teig weitere 30 Min. gehen lassen. Den Backofen auf 210 °C Ober-/Unterhitze vorheizen.

5 | Den Stollen im heißen Ofen 10 Min. backen. Temperatur auf 180 °C reduzieren und den Stollen 20–30 Min. fertig backen. Den noch warmen Stollen mit der restlichen Margarine rundherum mehrmals bestreichen und mit Puderzucker bestäuben. Den Stollen abkühlen lassen, in Scheiben schneiden und servieren.

100 % PFLANZLICH BACKEN

Die meisten Stollenteige werden mit Butter, Milch oder Ei zubereitet. Damit dieses Gebäck auch rein pflanzlich supersaftig und lecker gelingt, haben wir für diesen Teig pflanzliche Margarine und einen selbst gemachten Mandeldrink verwendet. Er passt besonders gut zu den übrigen Zutaten wie den gehackten Mandeln, Cranberrys und Amaretto. Natürlich könnt ihr ganz nach eurem Geschmack auch Nuss-, Soja- oder Haferdrink verwenden. Wichtig: Achtet bei Einkauf der Milchersatzprodukte darauf, dass sie ohne Zuckerzusatz sind, denn sie würden zusätzlich süßen. Ihr könnt den Mandeldrink auch selbst zubereiten. Rezepte findet ihr unter www.zaubertopf-club.de

SCHNELLER QUARKTEIG

Anders als der Klassiker kommt dieser Stollen ganz ohne Hefe aus. Stattdessen verwenden wir Quark und Backpulver. Vorteil: Der Teig braucht keine Ruhezeit, sondern ist sofort bereit für das Füllen und Formen.

SCHNELLE FÜLLUNG

Wir verarbeiten hier die leckeren Spekulatiuskekse, die es meist ab September überall zu kaufen gibt. Für Extra-Spekulatius-Geschmack kommt noch etwas Gewürz hinzu. Die Nuss-Eiweiß-Füllung sorgt dann später für den hübschen, aromatischen Swirl im Stollen.

Spekulatius-Stollen mit Quark und ohne Hefe

01 | 00 std : min

LOW CARB LOW FAT

PRO SCHEIBE: 360 KCAL | 9 G E | 21 G F | 36 G KH

ZUTATEN FÜR 1 STOLLEN À 20 SCHEIBEN

FÜR DIE FÜLLUNG
- 150 g Haselnüsse
- 150 g Mandeln
- 80 g Spekulatiuskekse (Fertigprodukt)
- 1 Eiweiß
- 200 g Milch
- 1 TL Spekulatiusgewürz
- ½ TL gemahlener Zimt
- Mark von ½ Vanilleschote
- Abrieb von ½ unbehandelten Zitrone
- 100 g brauner Zucker

FÜR DEN TEIG
- 170 g weiche Butter, in Stücken
- 130 g Zucker
- 2 Eier
- ½ TL Spekulatiusgewürz
- 1 Prise Salz
- Abrieb von ½ unbehandelten Orange
- 250 g Magerquark
- 500 g Weizenmehl Type 405
- 1 Pck. Backpulver

AUSSERDEM
- 70 g Butter
- etwas Puderzucker

1 Den Backofen auf 180 °C Ober-/Unterhitze vorheizen. Ein Backblech mit Backpapier auslegen. Für die Füllung Haselnüsse, Mandeln sowie Spekulatius in den Mixtopf geben, **12 Sek.** | **Stufe 7** zerkleinern, umfüllen und beiseitestellen.

2 Für den Teig Butter mit Zucker in den Mixtopf geben und **2 Min.** | **Stufe 4** schaumig rühren. Mit dem Spatel nach unten schieben. Eier, Spekulatiusgewürz, Salz sowie Orangenabrieb zufügen und **1 Min.** | **Stufe 4** unterrühren. Quark, Mehl und Backpulver zugeben, **1 Min.** | Teigstufe zu einem glatten Teig verkneten. Den Teig umfüllen und abgedeckt beiseitestellen. Den Mixtopf spülen.

3 Für die Füllung den Rühraufsatz in den Mixtopf einsetzen, das Eiweiß **2 Min.** | **Stufe 4** steif schlagen und umfüllen. Gemahlener Nuss-Mix, Milch, Gewürze, Vanillemark, Zitronenabrieb sowie Zucker in den Mixtopf geben und **20 Sek.** | **Stufe 5** verrühren. Das Eiweiß zufügen und **15 Sek.** | **Stufe 3** unterheben.

4 Den Teig auf einer bemehlten Arbeitsfläche kurz durchkneten und dann etwa 50 × 40 cm groß ausrollen. Die Spekulatius-Füllung auf dem Teig verstreichen, dabei rundherum 3 cm Rand freilassen. Den Teig von beiden kurzen Seiten her zur Mitte hin aufrollen, dann die Enden etwas nach unten festdrücken.

5 Den Stollen auf das vorbereitete Blech legen und ggf. seitlich mit Backpapier oder Backfomen fixieren. Im Ofen 45–50 Min. backen. Den Mixtopf spülen, die Butter **4 Min.** | **60 °C** | **Stufe 2** zerlassen und den noch heißen Stollen sofort damit bestreichen. Etwas Puderzucker darübersieben.

>**TIPP** Der Quarkstollen ist luftdicht verpackt und kühl aufbewahrt etwa eine Woche haltbar.

Steffi Redakteurin

So habe ich Stollen voher noch nie probiert! Die Varianten mit Quark, Spekulatius und Nüssen finde ich super. Die werde ich dieses Jahr auch verschenken!

MIT WEIHNACHTLICHER SPEKULATIUS-ÜBERRASCHUNG

Fotos: Ira Leoni (1); Archiv (1)

Mehr traumhafte Stollenrezepte:
WWW.ZAUBERTOPF-CLUB.DE

Mohnstollen

01 15 std : min

LOW CARB LOW FAT

PRO SCHEIBE: 471 KCAL | 11 G E | 25 G F | 51 G KH

ZZGL. 10 STD. RUHEZEIT

ZUTATEN FÜR 1 STOLLEN À 16 SCHEIBEN

- 50 g Mandeln
- 50 g Zitronat
- 50 g Orangeat
- 180 g Rosinen
- 40 g Wasser
- 60 g Rum
- 200 g Milch
- 60 g Zucker
- 2 TL selbst gemachter Vanillezucker
- 40 g frische Hefe
- 500 g Dinkelmehl Type 630 zzgl. etwas mehr zum Bearbeiten
- 1 Ei
- 1 Prise Salz
- 250 g weiche Butter, in Stücken
- Abrieb von 1 unbehandelten Zitrone
- 2 TL Stollengewürz (siehe Basisrezept Seite 158)
- 250 g Mohn
- 75 g Puderzucker

1 | Mandeln in den geben, **5 Sek.** | **Stufe 6** hacken und umfüllen. Zitronat und Orangeat in den geben, **5 Sek.** | **Stufe 5** grob zerkleinern. Rosinen, Mandeln, Wasser sowie Rum zufügen und **30 Sek.** | | **Stufe 3** vermischen. Umfüllen und zugedeckt über Nacht ziehen lassen.

2 | Am nächsten Tag Milch, Zucker, Vanillezucker sowie Hefe in den geben und **3 Min.** | **37 °C** | **Stufe 2** erwärmen. Mehl, Ei, Salz sowie 200 g Butter zufügen und **3 Min.** | zu einem Teig verarbeiten. Die Fruchtmischung abtropfen lassen und mit Zitronenschale sowie Gewürz zugeben und mithilfe des **2 Min.** | weiterkneten. Teig umfüllen und abgedeckt an einem warmen Ort etwa 45 Min. gehen lassen.

3 | Ein Backblech mit Backpapier auslegen. Arbeitsfläche mit Mehl bestreuen und darauf den Teig zu einer großen Platte ausrollen. Den Mohn gleichmäßig darauf verteilen, die lange Seite bis zur Mitte einschlagen und die andere lange Seite darüberlegen. Herausstehende Rosinen in den Teig hineindrücken oder herauszupfen, damit sie nicht verbrennen. Den Teig weitere 30 Min. gehen lassen. Den Backofen auf 210 °C Ober-/Unterhitze vorheizen.

4 | Den Stollen im heißen Ofen 10 Min. backen. Temperatur auf 180 °C reduzieren und den Stollen 20–30 Min. fertig backen. Den fertigen, noch warmen Stollen mit der restlichen Butter rundherum mehrmals bestreichen und mit Puderzucker bestäuben. Den Stollen abkühlen lassen, in Scheiben schneiden und servieren.

>TIPP In diesem Mohnstollen steckt alles, was auch in einem klassischen Christstollen enthalten ist. Ihr könnt natürlich auch bei diesem Rezept auf Rosinen, Orangeat und Co. verzichten und stattdessen anderes Trockenobst in Stücken verwenden oder ihr probiert Schokoladenstücke. Anstelle des Rums könnt ihr auf Rum-Aroma zurückgreifen oder dem Mohnstollen mit Bittermandel-Aroma ein Marzipanaroma verpassen. Alles schmeckt köstlich.

Stollenkranz mit Pistazien

01 30 std : min

LOW CARB LOW FAT

PRO SCHEIBE: 363 KCAL | 8 G E | 18 G F | 42 G KH

ZZGL. 1 STD. 15 MIN. RUHEZEIT

ZUTATEN FÜR 1 KRANZ À 20 SCHEIBEN

FÜR DEN TEIG

- 200 g Milch zzgl. etwas mehr zum Bestreichen
- 60 g Zucker
- 2 TL selbst gemachter Vanillezucker
- 40 g frische Hefe
- 500 g Weizenmehl Type 405 zzgl. etwas zum Bearbeiten
- 200 g weiche Butter, in Stücken
- 1 Ei
- 1 Prise Salz
- Abrieb von 1 unbehandelten Zitrone
- 2 TL Stollengewürz (siehe Basisrezept Seite 158)

FÜR DIE FÜLLUNG

- 50 g Mandeln
- 180 g Rosinen
- 40 g Wasser
- 60 g Rum
- 200 g Pistazien
- 100 g Marzipanrohmasse, in Stücken
- 20 g Sahne
- 20 g Zucker
- 1 Ei
- 100 g Puderzucker
- 2 EL Zitronensaft

1 | Für die Füllung die Mandeln in den geben und **3 Sek.** | **Stufe 6** hacken. Rosinen, Wasser sowie Rum zufügen und **2 Min.** | **50 °C** | | **Stufe 3** erwärmen. Umfüllen und abgedeckt ziehen lassen.

2 | Inzwischen Milch, Zucker, Vanillezucker und Hefe im **2 Min.** | **37 °C** | **Stufe 2** erwärmen. Übrige Zutaten für den Teig zufügen und **3 Min.** | zu einem Teig verarbeiten. Teig umfüllen und abgedeckt an einem warmen Ort 45 Min. gehen lassen. Den spülen.

3 | Die Pistazien in den einwiegen und **5 Sek.** | **Stufe 6** zerkleinern. 150 g Pistazien in einer Pfanne ohne Zugabe von Fett rösten und abkühlen lassen. Die gerösteten Pistazien mit Marzipan, Sahne, Zucker sowie Ei in den geben und **30 Sek.** | | **Stufe 4** vermengen.

4 | Ein Blech mit Backpapier belegen. Den Teig auf einer bemehlten Arbeitsfläche noch mal gut durchkneten und zu einem Rechteck (ca. 25 × 40 cm) ausrollen. Die Rosinenmischung abtropfen lassen. Den Teig mit der Füllung bestreichen und mit der Rosinenmischung bestreuen, dabei einen schmalen Rand lassen. Von der langen Seite her aufrollen, längs halbieren und die beiden Stränge miteinander verschlingen. Zu einem Kranz formen, dabei die Enden gut zusammendrücken. Den Kranz auf das Backblech geben und mit Milch bestreichen. Erneut 30 Min. gehen lassen.

5 | Ofen auf 180 °C Ober-/Unterhitze vorheizen. Stollenkranz erneut mit etwas Milch bestreichen, im heißen Ofen 30–35 Min. goldbraun backen. Herausnehmen und abkühlen lassen. Puderzucker und Zitronensaft zu einem Guss rühren. Den noch warmen Stollen mit dem Guss beträufeln. Restliche Pistazien darauf verteilen. Stollen auskühlen lassen und servieren.

DER LECKERSTE ADVENTSKRANZ DES JAHRES

So gelingt's

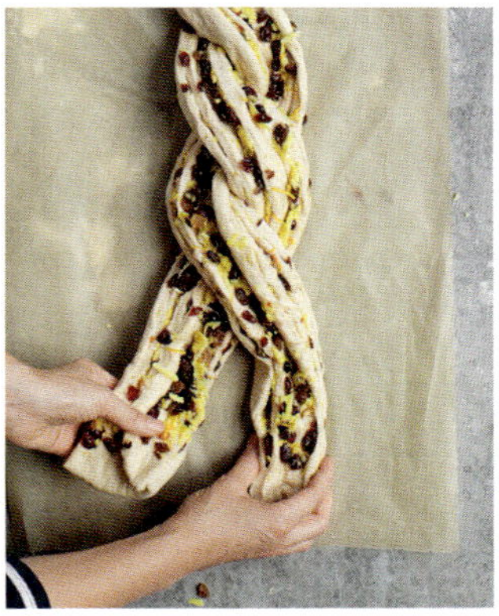

Fotos: StockFood.com / StockFood Studios / Holsten, Ulrike (1), Immediate Media / Good Food (5)

GROSSER AUFTRITT
FÜR KLEINE LECKERBISSEN

SCHNELLE LECKEREI

Stollenkonfekt ist ein Adventshighlight. Die kleinen Teilchen sind ein Mix aus traditionellem Stollen und Plätzchen. Anders als die Großen sind sie rasant zubereitet. Da ihr Backpulver statt Hefe verwendet, wird der Teig locker und kommt ohne Ruhezeit aus! Der Quark verleiht dem Gebäck seine Frische. Für diejenigen, die es nicht abwarten können: Nach dem Backen könnt ihr das Konfekt auch leicht warm genießen.

Quarkstollenkonfekt mit Cranberrys

00 40 std : min

PRO STÜCK: 131 KCAL | 2 G E | 6 G F | 17 G KH

ZUTATEN FÜR 30 STÜCK

* 175 g Zucker
* 170 g weiche Butter, in Stücken
* 150 g Quark
* 300 g Weizenmehl Type 405 zzgl. etwas mehr zum Bearbeiten
* ½ Pck. Backpulver
* 1 TL gemahlener Zimt
* 1 Prise Salz
* 50 g Mandelstifte
* 125 g getrocknete Cranberrys

1 | 75 g Zucker in den Mixtopf geben, **10 Sek.** | **Stufe 10** pulverisieren und umfüllen. 120 g Butter und restlichen Zucker in den Mixtopf geben, **2 Min.** | **Stufe 3** cremig rühren. Quark **20 Sek.** | **Stufe 3** untermischen. Mehl, Backpulver, Zimt sowie Salz zufügen und **1 Min.** | Teigstufe vermengen. Den Teig auf eine leicht bemehlte Arbeitsfläche geben. Die Mandelstifte und Cranberrys mit den Händen in den Teig einarbeiten.

2 | Den Backofen auf 180 °C Ober-/Unterhitze vorheizen. Ein Backblech mit Backpapier belegen. Aus dem Teig 30 ovale, ca. 4 cm lange Stücke formen. Die Ministollen auf das Backblech legen und ca. 15–17 Min. backen.

3 | Ministollen aus dem Ofen nehmen, mit der restlichen Butter bestreichen und im Puderzucker wälzen. Anschließend auskühlen lassen und erneut im Puderzucker wälzen.

Stollen-Cantuccini

00 45 std : min

PRO STÜCK: 37 KCAL | 1 G E | 2 G F | 5 G KH

ZUTATEN FÜR 100 STÜCK

* 80 g Mandeln
* 50 g Zitronat
* 50 g Orangeat
* 50 g Rosinen
* 250 g Weizenmehl Type 405 zzgl. etwas mehr zum Bearbeiten
* 1 TL Backpulver
* 150 g Zucker
* 2 EL selbst gemachter Vanillezucker
* 1 Prise Salz
* 1 TL Stollengewürz (siehe Basisrezept Seite 158)
* 125 g weiche Butter, in Stücken
* 2 Eier
* 2 EL Puderzucker zum Bestäuben

1 | Mandeln in den Mixtopf geben, **3 Sek.** | **Stufe 6** zerkleinern und umfüllen. Zitronat, Orangeat sowie Rosinen in den Mixtopf geben und **10 Sek.** | **Stufe 6** zerkleinern. Die übrigen Zutaten zufügen und **40 Sek.** | Teigstufe verkneten.

2 | Ofen auf 175 °C Umluft vorheizen. 2 Backbleche mit Backpapier belegen. Teig auf einer leicht bemehlten Arbeitsfläche zu 4 Rollen von je 25 cm Länge formen, in Stollenform bringen und mit etwas Abstand auf ein Blech setzen. Die Rollen im Ofen ca. 15 Min. vorbacken.

3 | Die Rollen aus dem Backofen nehmen und mit einem scharfen Messer in ca. 1 cm dicke Scheiben schneiden. Die Scheiben auf den Backblechen verteilen und im Ofen ca. 10 Min. backen. Herausnehmen, abkühlen lassen und mit Puderzucker bestreut servieren.

RATGEBER

GESCHENKE

Kleine Stollen oder feines Gewürz – so gelingt's!

MINISTOLLEN IM GLAS
Aus eurem Lieblingsstollen zaubert ihr ganz einfach köstliche Mitbringsel. Ihr benötigt 8–12 backfeste Einmachgläser und die Hälfte der Zutaten eures Rezepts. Fettet die Gefäße gut mit Butter und füllt sie maximal bis zu zwei Dritteln mit Teig, damit dieser beim Backen noch Platz zum Aufgehen hat. Verkürzt die Backzeit auf maximal 30 Minuten. Anschließend die Oberflächen mit flüssiger Butter bestreichen, mit Puderzucker bestäuben, Gummiringe vorsichtig auf die Innenseiten der Glasdeckel legen und die Gläser mit Klammern verschließen. Für das Garen im Varoma® 500 g Wasser in den [Mixtopf] geben, Gläser in den Varoma® stellen und **30 Min. | Varoma® | Stufe 1** dämpfen. Die Ministollen halten sich so mehrere Wochen.

Stollengewürz

Basis REZEPT

Für das Stollengewürz den Backofen auf 100 °C Ober-/Unterhitze vorheizen und ein Blech mit Backpapier auslegen. 15 Zimtstangen, 2 EL Gewürznelken, 2 EL Koriandersamen, 2 EL Kardamomkapseln, 2 EL Anissamen, 1 EL Pimentkörner, 2 Vanille-schoten, 1 TL Muskatblüten, 2 EL Ingwerpulver in den [Mixtopf] geben und **30 Sek. | Stufe 10** pulverisieren. Abrieb von 3 unbehandelten Zitronen sowie Orangen zufügen und **10 Sek. | Stufe 4** vermengen. Auf das Backblech geben, 30 Min. im Ofen trocknen und abgekühlt in Gläser abfüllen. Kühl und dunkel gelagert, hält sich das Gewürz mehrere Monate.

Früchtekuchen Panforte

01:00 std : min

LOW CARB · LOW FAT

PRO STÜCK: 255 KCAL | 4 G E | 8 G F | 42 G KH

ZUTATEN FÜR 1 KUCHEN À 14 STÜCKE

* 100 g Haselnüsse
* 50 g Mandeln
* 50 g getrocknete Feigen
* 100 g Orangeat
* 100 g Rosinen
* 50 g Pistazien
* 125 g Weizenmehl Type 405
* 1 TL gemahlener Zimt zzgl. etwas mehr zum Bestäuben
* 1 Prise gemahlene Gewürznelken
* 1 Prise getrockneter Koriander
* 1 Prise frisch geriebene Muskatnuss
* 150 g Zucker
* 150 g Honig
* Puderzucker zum Bestreuen

AUSSERDEM
* Kastenform (30 cm Länge)

1 Den Backofen auf 160 °C Ober-/Unterhitze vorheizen. Eine Kastenform mit Backpapier auslegen. Haselnüsse mit Mandeln in einer Pfanne ohne Zugabe von Fett rösten und abkühlen lassen.

2 Feigen mit Orangeat in den [Mixtopf] geben und **5 Sek. | Stufe 6** zerkleinern. Ggf. den Vorgang wiederholen. Haselnüsse, Mandeln, Rosinen, Pistazien, Mehl sowie Gewürze zufügen und **2 Min. |** [Teigknetstufe] vermengen.

3 Zucker und Honig in einem Topf unter Rühren aufkochen und 2–3 Min. köcheln lassen. Zügig zur Nussmischung in den [Mixtopf] geben, **30 Sek. | Stufe 4** vermengen. Zügig in die Form geben und mit angefeuchteten Händen festdrücken.

4 Im Ofen 35–40 Min. backen. Vollständig abkühlen lassen, aus der Form lösen. Mit dem Puderzucker bestreuen und servieren.

AUSSERGEWÖHLICH UNWIDERSTEHLICH

Fotos: StockFood.com / Oliver Brachat (1), Jalag / Mathias Neubauer (1); Archiv (1)

SÜSSE ÜBERRASCHUNG Ein Marzipanstrang könnt ihr in jeden Stollen legen.

RATGEBER

STOLLEN

Damit der Klassiker nach eurem Geschmack und ganz leicht gelingt, teilen wir hier alle Tipps aus vielen Jahren Backerfahrung

WIE WEIT IM VORAUS SOLLTE MAN STOLLEN BACKEN?

Wann ihr Stollen ansetzen solltet, damit er zum Anschnitt ausreichend durchgezogen ist, kommt darauf an, welches Rezept ihr verwendet. Stollen ohne Hefe und Früchte solltet ihr gleich nach dem Backen genießen. Ein klassischer Hefestollen, den ihr mit den rechts beschriebenen Vorkehrungen gut konserviert, hält sehr lang. Mindestens eine Woche sollte er noch ziehen, damit sich seine Aromen vollständig entwickeln. Bis zu drei Wochen kann der Hefestollen gelagert werden. Idealerweise backt ihr also bereits im November, um ihn im Advent zu genießen. Habt ihr spontan Lust auf das Gebäck, wählt ein Rezept ohne Lagerzeiten.

In 3 Schritten ZUM SAFTIGSTEN STOLLEN

1. BACKEN

Wichtig ist die ideale Temperatur, damit der Stollen außen schön gebräunt wird, aber innen noch saftig ist. Verwendet am besten keine Umluft, sondern backt mit Ober-/Unterhitze bei 180 °C ca. 45–50 Min. Lasst den Stollen anschließend 10–15 Min. abkühlen.

2. BUTTERN

Stecht nach dem Backen in den noch heißen Stollen mit einem Holzspieß viele kleine Löcher in die Oberfläche. Streicht nun, solange der Stollen noch heiß ist, flüssige Butter auf die gesamte Oberfläche, die durch die Löcher ins Innere zieht. Das Fett sorgt für die saftige Krume des Stollens und hält ihn lange frisch.

3. ZUCKERN

Auf den frisch gebutterten Stollen jetzt reichlich Zucker oder Puderzucker streuen. Er verbindet sich mit der Butter und bildet so einen Aromaschutz und hält die Feuchtigkeit im Inneren

Ich bereite jedes Jahr Stollen zu. Alle erprobten Familientipps und -tricks habe ich gesammelt und verrate sie hier!

CHARLOTTES GEHEIMTIPPS

✓ Für Originalgeschmack: Zerkleinert Rosinen und kandierte Früchte **6 Sek. | Stufe 8** so fein, dass sie ihren Geschmack abgeben, ohne dabei als Stücke aufzufallen.

✓ Stollen auf dem mit Backpapier ausgelegten Backblech formen und ruhen lassen, dann braucht man ihn nicht anzuheben.

✓ Nach dem Falten herausstehende Rosinen einfach herauszupfen! Sie verbrennen sonst beim Backen und werden bitter.

✓ Ihr habt ein paar Scheiben Stollen oder das Endstück über und sie sind trocken? Werft sie keinesfalls weg! Aus den Stollenresten könnt ihr Stollenparfait und Rumkugeln zubereiten.

✓ Faltet den Teig wie ein Zupfbrot und backt den Stollen dann in der Kastenform – genial!

GELINGT STOLLEN AUCH …

… ohne Hefe?

Klar! Ihr könnt alternativ Stollen mit Backpulver zubereiten, unser Quarkstollen von Seite 152 kommt ohne Hefe aus. Beachtet dabei: Der urtypischer Stollengeschmack entsteht auch durch die Verwendung von Hefe. Stollengewürz und Zutaten wie Marzipan und Nüsse liefern aber weihnachtliche Aromen. Ergänzt nach Belieben auch 2–3 Tropfen Rum- oder Bittermandelaroma.

… ohne Rosinen, Orangeat oder Zitronat?

Absolut. Nicht jeder mag Trockenobst und kandierte Früchte. Lasst einfach alle Zutaten weg, die ihr nicht mögt, oder ersetzt sie durch andere. Probiert zum Beispiel Mandelstifte, zerzupftes Marzipan, Mohn oder Schokolinsen.

… ohne Warten?

Sobald ihr auf Hefe und Rosinen – wie oben beschrieben – verzichtet, braucht auch nichts mehr ruhen oder ziehen. Denn üblicherweise muss der Hefeteig noch gehen, die Trockenfrüchte ziehen über Nacht in Rum. Die Aromen beider Zutaten ziehen anschließend während der Lagerung in den Teig. Sind sie nicht enthalten, könnt ihr den Stollen sofort nach dem Backen genießen!

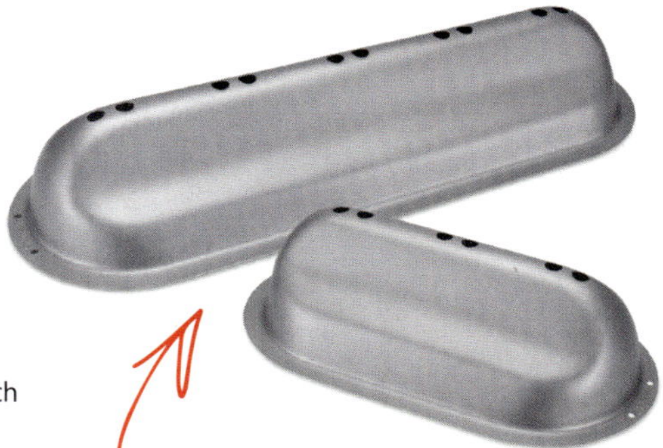

MIT STOLLENBACKFORM ODER OHNE?

Ihr könnt jeden Stollen auch mithilfe einer speziellen Stollenbackform backen, die ihr je nach Ausführung zwischen 10–30 Euro bekommt. Gebt den zuvor etwas länglich geformten Teig hinein und lasst ihn erneut gehen. Zum Backen den Stollen dann samt Form aufs Blech stürzen und auch mit der darübergestülpten Form backen. Der Stollen backt also unterhalb der Form, die das Gebäck beim Auseinandergehen begrenzt. So entsteht die hübsche Wölbung.

Redaktionstipp

Unterschiedlich große Exemplare mit Antihaftbeschichtung und Löchern, durch die Feuchtigkeit entweichen kann, findet ihr zum Beispiel von Städter mit 23 oder 37 cm Länge ab 21 Euro, www.staedter.de

Nach dem Backen

VERPACKEN & AUFBEWAHREN

ZUM EINSCHLAGEN

Wartet damit, bis der Stollen vollständig ausgekühlt ist, damit er nicht schwitzt. Ihr könnt dann Frischhaltefolie, Backpapier oder Wachspapier verwenden. Achtet darauf, ihn luftdicht zu verpacken. Falls nötig, könnt ihr die Folie oder das Papier mit Juteband oder Gummibändern fixieren. Schlagt ihr den Stollen in Backpapier ein, legt ihn am besten anschließend zusätzlich in eine Tüte, die ihn luftdicht schützt.

ZUM LAGERN

Den Stollen bis zum Servieren mindestens 1 Woche an einen dunklen, kühlen Ort legen, an dem er nicht austrocknet. Gut geeignet sind beispielsweise Keller, Treppenhaus oder Vorratskammer. 10–12 Grad sind ideal, der Kühlschrank ist zu kalt.

DARUM SCHIMMELT ER NICHT

Da ihr den Stollen mit flüssiger Butter bestrichen und mit Zucker bestäubt habt, bleibt er frisch. Das luftdichte Verpacken sorgt ebenfalls für lange Haltbarkeit.

VOR DEM SERVIEREN

Bestäubt euren gut durchgezogenen Stollen vor dem Servieren mit reichlich Puderzucker, am besten mit einem feinen Sieb. Auch wenn ihr ihn schon vor dem Lagern gezuckert habt, sieht eine frische Puderzuckerhaube einfach schöner aus! Schneidet ihn dann in schön dicke Scheiben und serviert dazu kalte Butter oder Konfitüre.

GANZ LEICHT FORMEN

So gelingt euch die charakteristische Form des Christstollens Schritt für Schritt. Sie soll übrigens an das frisch geborene Christuskind erinnern, das in Leinen gewickelt ist.

Teig ausrollen: Mit dem Nudelholz oder den Händen ein Oval formen. Dabei den Teig mindestens 2 cm dick belassen, damit der Stollen nicht zu lang und dünn wird. Je kürzer und dicker der Stollen, desto besser bleibt er frisch.

Marzipan: Falls gewünscht, legt ihr jetzt einen Strang Marzipan der Länge nach auf den Teig, etwa ins untere Drittel. Das Marzipan überall etwas in den Teig drücken.

Falten: Ob mit oder ohne Marzipan – nun den Teig von der langen Seite etwa zwei Drittel überschlagen. In einigen Rezepten wird auch die gegenüberliegende Seite noch bis zum Stoß übergeschlagen. Traditionell ist die Variante mit nur einer Falte.

Wellenform: Ihr könnt nun mit dem Handrücken der Länge nach eine Mulde in die Oberfläche drücken, die später für die asymmetrische Schnittfläche beim Anschnitt sorgt.

Fotos: Archiv; StockFood.com / Ira Leoni (1) / PhotoCuisine / Dziegielewska (1); Städter (1); gettyimages.de / iStock / Getty Images Plus / Ika Rahma (1), Sergey Ovchinnikov (1), Elizaveta Bauer (2) | Illustration: gettyimages.de / iStock / Getty Images Plus / Ekaterina Romanova (1)

SERVICE

SYMBOLE

Mit unseren Symbolen und Angaben habt ihr schnell den Überblick, wie man ein Rezept zubereitet und ob es eurer Ernährung entspricht

REZEPTE

Damit ihr beim Kochen und Backen schnell erfassen könnt, was zu tun ist, haben wir wiederkehrende Funktionen und Zubehöre durch die gezeigten Symbole ersetzt.

- MIXTOPF
- TEIGMODUS
- LINKSLAUF
- SPATEL
- SANFTRÜHRSTUFE

ERNÄHRUNG

Ob ein Rezept eure ganz persönlichen Ernährungskriterien erfüllt, erkennt ihr an unseren Kennzeichnungen direkt an den Rezepten.

Erfüllt ein Rezept ein Kriterium, ist das entsprechende Symbol eingefärbt. Ist die Eigenschaft nicht erfüllt, ist das Symbol ausgegraut.

So seht ihr auf einen Blick, ob ihr bedenkenlos zugreifen könnt!

- VEGETARISCH
- VEGAN
- LAKTOSEFREI
- GLUTENFREI
- KALORIENARM: Hauptgerichte < 500 kcal, Suppen/Vorspeisen < 350 kcal, süße Rezepte < 150 kcal, jeweils pro Portion
- LOW FAT — FETTARM: < 20 % der Kilokalorien entstehen durch Fett
- LOW CARB — KOHLENHYDRATARM: < 25 % der Kilokalorien entstehen durch Kohlenhydrate

NÄHRWERTE

Zu jedem Rezept findet ihr die konkreten Nährwerte mit den hier rechts erklärten Abkürzungen.

KCAL	KILOKALORIEN
g E	GRAMM EIWEISS
g F	GRAMM FETT
g KH	GRAMM KOHLENHYDRATE

BESONDERE VORZÜGE

EASY – Schnelle und unkomplizierte Rezepte mit wenigen Zutaten, die meist vorrätig sind.

FIX – Rezepte, die in maximal 30 Minuten zubereitet sind.

GESCHENK IDEE – Rezepte, die länger haltbar sind und sich gut verpacken und verschenken lassen.

mein ZauberTopf
www.zaubertopf.de

Impressum

mein ZauberTopf ist eine unabhängige Publikation aus dem Hause falkemedia und steht in keinerlei Verbindung zu den Unternehmen der Vorwerk-Gruppe. Die Marken Thermomix®, TM5® und Varoma® sowie die Produktgestaltungen des „Thermomix®" sind eingetragene Marken der Unternehmen der Vorwerk-Gruppe. Für die Rezeptangaben in **mein ZauberTopf** ist ausschließlich falkemedia verantwortlich.

Verlag
falkemedia GmbH & Co. KG, An der Halle 400 #1, 24143 Kiel
Tel. +49 431 200 766-0, Fax +49 431 20 07 66 50
E-Mail: info@zaubertopf.de, www.zaubertopf.de

Herausgeber
Kassian Alexander Goukassian (v. i. S. d. P.)

Mitglied der Geschäftsleitung & Ltg. Marketing
Wolfgang Pohl

Chefredakteurin/Teamleitung
Vivien Koitka

Redaktion (redaktion@zaubertopf.de)
Hannah Hold, Dr. Tanja Lindauer, Stefanie Nickel, Svenja Rudolf; Druckmanagement: Nicole Neumann

Für Rezeptfragen, Korrekturen und Anmerkungen
www.zaubertopf.de/rezept-updates

Rezeptentwicklung
Charlotte Heyn, Lukas Lotzing, Isabel Prinz, Elisa Schilling, Vera Schubert, Gerald Zwickler

Grafik und Bildbearbeitung
Stefanie Fecho, Lara Klemm, Kathrin Knoll (Bildbearbeitung), Mareike Wilke, Nele Witt, Lisza Clausen (in Elternzeit)

Lektorat
SchlussBlick

Fotografinnen dieser Ausgabe
Anna Gieseler, Ira Leoni, Kathrin Knoll, Désirée Peikert

Abonnementbetreuung
abo@zaubertopf.de, Tel. +49 711 72 52 293, mein ZauberTopf Abo-Service, Postfach 810640, 70523 Stuttgart

Mediaberatung
Silja Aicher (s.aicher@aichermediakontor.de), Aicher Mediakontor, Tel. +49 40 525 95 180, Mobil +49 172 1 75 61 04

Martin Wetzel (Martin.Wetzel@brmedien.de), Tel. +49 2241 17 74 14, Fax +49 2241 17 74 20

Sascha Eilers (s.eilers@falkemedia.de), Tel. +49 4340 49 93 79, Mobil +49 151 53 83 44 12, Fax +49 4340 49 93 91

Anzeigenkoordination
Dörte Schröder (d.schroeder@falkemedia.de), Tel. +49 431 20 07 66 12

Anzeigenpreise: Siehe Mediadaten 2022 unter www.zaubertopf.de

Produktionsmanagement/Druck
Stark Druck GmbH & Co. KG, www.stark-gruppe.de

Vertrieb
DMV Der Medienvertrieb GmbH & Co. KG, Meßberg 1, 20086 Hamburg

Vertriebsleitung
Hans Wies, DMV Der Medienvertrieb GmbH & Co. KG (Hans.Wies@dermedienvertrieb.de)

Bezugsmöglichkeiten
Abo, Zeitschriften- und Buchhandel, Bahnhöfe, Flughäfen

Einzelpreis: 5,50 Euro (reguläres Heft), 9,99 Euro (Spezial)
Jahresabonnement: 48,90 Euro
Europäisches Ausland zzgl. 0,90 Euro je Ausgabe.
In den Preisen sind Mehrwertsteuer und Zustellung enthalten. Bezogen auf 8 Ausgaben im Jahr inkl. E-Paper. Der Verlag behält sich die Veränderung der Erscheinungsfrequenz vor.

Manuskripteinsendung
Manuskripte jeder Art werden gern entgegengenommen. Sie müssen frei von Rechten Dritter sein. Mit der Einsendung gibt der Verfasser die Zustimmung zum Abdruck des Manuskriptes auf Datenträgern der Firma falkemedia. Ein Einsenden garantiert keine Veröffentlichung. Honorare nach Vereinbarung oder unseren AGB. Für unverlangt eingesandte Manuskripte übernimmt der Verlag keine Haftung.

Bei falkemedia erscheinen außerdem die Publikationen LandGenuss, monsieur cuisine by mein ZauberTopf, My Healthy Life, So is(s)t Italien, NaturApotheke, Mac Life, BEAT, DigitalPHOTO, BÜCHERmagazin und Healthy Life Low Carb.

© falkemedia, 2022 | www.falkemedia.de | ISSN 2510-392X

falkemedia